Anonymous

Zur Frage der Wiedereröffnung der Schiffahrt auf dem mittleren Neckar

Eine hydrographische und volkswirtschaftliche Untersuchung

Anonymous

Zur Frage der Wiedereröffnung der Schiffahrt auf dem mittleren Neckar
Eine hydrographische und volkswirtschaftliche Untersuchung

ISBN/EAN: 9783743326262

Hergestellt in Europa, USA, Kanada, Australien, Japan

Cover: Foto ©ninafisch / pixelio.de

Manufactured and distributed by brebook publishing software (www.brebook.com)

Anonymous

Zur Frage der Wiedereröffnung der Schiffahrt auf dem mittleren Neckar

ZUR FRAGE

DER

WIEDERERÖFFNUNG DER SCHIFFAHRT

AUF DEM

MITTLEREN NECKAR.

EINE

HYDROGRAPHISCHE UND VOLKSWIRTSCHAFTLICHE UNTERSUCHUNG

GEMEINSCHAFTLICH HERAUSGEGEBEN

VON DEM

K. WÜRTT. MINISTERIUM DES INNERN,

ABTEILUNG FÜR STRASSEN- UND WASSERBAU

UND DER

HANDELS- UND GEWERBEKAMMER STUTTGART.

STUTTGART.
W. KOHLHAMMER'SCHE VERLAGSBUCHHANDLUNG.
1889.

Inhalts-Verzeichniss.

Vorwort . . . . I 1

I. Teil.
Untersuchung bezüglich der Rentabilität der Einrichtung und des Betriebs der Schiffahrt auf dem mittleren Neckar.

I. Geschichtlicher Rückblick . . . . I 4
II. Die Einrichtungs- und Betriebskosten und ihr Verhältnis zu der in Aussicht zu nehmenden Berg- und Thalfracht
1. Menge und Art der für den Schleppdienst in Aussicht zu nehmenden Frachtgüter.
   A. Bergfracht, Anfuhr von
   Kohlen . . . . I 6
   Pflastersteinen . . . . I 9
   Getreide . . . . I 9
   Öles . . . . I 9
   Kolonialwaren . . . . I 12
   Salz . . . . I 13
   Eisen- und Eisenwaren . . . . I 13
   Andern Güter . . . . I 15
   B. Thalfracht . . . . I 18
2. Einrichtungs- und Betriebskosten . . . . I 20
III. Ergebnis der Untersuchung bezüglich der Rentabilität . . . . I 26

II. Teil.
Hydrographische Untersuchung betreffend die Verbesserung der Wasserstrasse.

Einleitung . . . . II 1
   A. Hydrographische Verhältnisse des Neckars . . . . II 7
   B. Schiffbarkeitsverhältnisse . . . . II 12
   C. Schiffahrtsbetrieb . . . . II 14
   D. Anforderungen des Betriebs an die Wasserstrasse . . . . II 16
   E. Mittel zur Erreichung und Erhaltung der nöthigen Fahrtiefe . . . . II 17
   F. Anlagen zur Überwindung der Wehrgefälle . . . . II 23
   G. Beschreibung des Projekts der Instandsetzung der Wasserstrasse . . . . . II 26
   H. Kostenaufwand der Instandsetzung des Fahrwegs . . . . II 34
   I. Ergebnis der angestellten Untersuchungen . . . . II 35

Anlagen.

I. Zusammenstellung der für die Schiffahrt massgebenden Wasserstände . . . . II 38
II. Zusammenstellung der Wassermengen bei Nieder- und Mittelwasserhöhe . . . . . II 41
III. Schiffsverkehr auf dem obern und untern Neckar in den Jahren 1857–1895 . . . II 43
IV. Zusammenstellung der für Niederwasserstand ermittelten Profilquerschnitte der Stromrinne . . II 45
V. Kostenvoranschlag für die Instandsetzung der Neckarwasserstrasse . . . . II 47

Planbeilagen.

Übersichtskarte der Neckarwasserstrasse von Esslingen bis Heilbronn.
Längenprofil der Wasserstrasse.
Wassermengenkurven.

Druckfehlerverzeichniss.

|| Seite 3 Spalte 2 Linie 25 „daselbst" zu streichen.
„ „ 7 „ 2 „ 18 Schiffzug statt Schiffzugang.
„ „ 7 „ 2 „ 19 beteiligt statt benötigt.
„ „ 8 „ 2 „ 20 (vergl. das Längen-Profil, Plan-Beil. 2) statt (vergl. Anlage 1, betr. die Verteilung der Flussgefälle).
„ „ 9 „ 2 „ 13 Anlage 1 statt Anlage 2.
„ „ 12 „ 2 „ 12 v. o. Anlage 3 statt Anlage 4.
„ „ 12 „ 2 „ 2 v. u. desgleichen.
„ „ 18 „ 1 „ 9 v. u. Anlage 4 statt Anlage 5.
„ „ 25 „ 1 „ 9 bewegliche statt beweglichen.
„ „ 33 „ 1 „ 2 v. u. 1600 . 300 statt 1600 300.

Vorwort.

Fast in allen Kulturländern macht sich gegenwärtig das Bedürfnis geltend, der Binnenschifffahrt, diesem so wichtigen Factor auf dem Gebiete des Verkehrslebens, die Ihr gebührende Bedeutung zu verschaffen. Auch in Württemberg wird seit Jahren das für das Land im allgemeinen, wie namentlich für die Entwickelung der Städte Stuttgart, Cannstatt und Esslingen so wichtige Projekt der Wiedereröffnung der bis vor zwei Jahrzehnten bestandenen Schiffahrt auf dem mittleren Neckar erörtert. Um nun einmal in dieser Frage einen festen Grund zu fassen, beschloss die Handels- und Gewerbekammer Stuttgart eine Enquête in technischer und kommerzieller Beziehung einzuleiten. Den Zweck dieser Untersuchung sollte, wie der Jahresbericht der Handels- und Gewerbekammer pro 1883 ausspricht, die Herbeiführung einer grösseren Klarheit in der Frage bilden, ob etwa wegen der zu geringen Wassertiefe oder eines zu kostspieligen Betriebs auf die Ausführung des immer wieder auftauchenden Projectes ein- für allemal verzichtet werden müsse. Daneben erwartete die Handelskammer auch von einem etwaigen negativen Ergebnisse der hydrographischen Untersuchung die Erleichterung der Errichtung neuer Wasserwerksanlagen und eine mit der Steigerung der bereits vorhandenen Wasserkräfte ermöglichte Vergrösserung einzelner Etablissements; es waren also hiebei die gleichen Gesichtspunkte massgebend, welche auch im August 1888 der III Internationale Binnenschiffahrtskongress in einer Resolution anerkannte, wonach es im Interesse der Volkswirtschaft und des im Steigen begriffenen Verkehrsbedürfnisses notwendig sei, den erreichbaren Grad der Schiffbarkeit durch hydrotechnische Ermittlungen für alle diejenigen Flüsse festzustellen, in denen die vor langer Zeit empirisch angenommenen Normalbreiten noch jetzt massgebend seien.

Das Königliche Ministerium des Innern entsprach in entgegenkommendster Weise der darauf gerichteten Anregung und ordnete 1884 die hydrotechnische Untersuchung der Schiffahrts-Verhältnisse an, welche unter der Oberleitung des Baudirektors von Martens und unter Mitwirkung des jüngst verstorbenen Wasserbauinspektors Baurat Güntter durch Regierungsbaumeister Kölle ausgeführt und bearbeitet worden ist.

Die hydrographische Untersuchung, wie sie nunmehr im zweiten Teile vorliegt, wies die bisher fast allgemein bezweifelte technische Ausführbarkeit des Projektes nach. Auf Grund dessen trat daher die Handels- und Gewerbekammer Stuttgart auch der Frage der Rentabilität der Anlage und des Betriebs näher. Das Ergebnis der hierüber eingeleiteten Untersuchung, welches von dem Sekretär der Handelskammer, Professor Dr. Huber, ausgearbeitet worden ist, fiel ebenfalls nicht so ungünstig aus, als man bisher sonst allgemein angenommen hat. Die nunmehrige Veröffentlichung beider Arbeiten bedeutet daher nicht etwa einen endgiltigen Abschluss oder den Verzicht auf Fortsetzung der bisherigen Bemühungen, sondern sie soll vielmehr zunächst zur Anregung der öffentlichen Diskussion und weiteren Ergänzung dienen. Wir geben die Hoffnung nicht auf, dass schliesslich doch das Unternehmen zur

Ausführung gelangt. Schon jetzt aber hat die Enquête den Nutzen grösserer Klarheit erbracht, zu hoch gespannte Erwartungen zurückgeschraubt und pessimistische Anschauungen richtig gestellt, vor allem aber durch die hydrographische Untersuchung — auch von dem Projekte der Weiterführung der Schleppschiffahrt abgesehen — in technischer Hinsicht einen bleibenden Wert geschaffen.

In der letzteren, technischen Beziehung ist es nun besonders bedeutsam, dass erst Ende vorigen Jahres sich in Lauffen eine sehr kapitalkräftige Gesellschaft für die Ausbeutung der dortigen Cementlager gebildet hat, infolge dessen die Kettenschleppschiffahrt schon in den nächsten Jahren wenigstens bis Lauffen weitergeführt werden dürfte. Dass in gleicher Weise auch weiter oberhalb gelegene Wasserkräfte für die Industrie ausgenützt werden, steht sicher zu hoffen. So wird selbst dann, wenn je die Ausführung des Projektes lediglich der privaten Initiative anheimgestellt wird, ganz von selbst und allmählich die Wiederaufnahme der Schiffahrt, wenigstens bis Cannstatt, in nicht zu ferner Zeit erfolgen.

Stuttgart, im März 1889.

Die Handels- und Gewerbekammer:

Der Vorstand: **Johst.**

Der Sekretär: **Dr. Huber.**

I. Teil.

Untersuchung

bezüglich

der Rentabilität, der Einrichtung und des Betriebs der Kettenschleppschiffahrt auf dem mittleren Neckar,

eingeleitet

von der

Handels- und Gewerbekammer Stuttgart.

I. Geschichtlicher Rückblick.

In der Geschichte des Schiffahrtsbetriebs auf dem mittleren Neckar[1] heben sich mehrere Epochen des Aufschwungs und darauffolgenden Niedergangs ab. Schon Herzog Christoph versuchte 1553 den Neckar „soweit er durch sein „Fürstentum" fliesse, zu öffnen und schiffgängig zu machen"; aber sein Plan wurde erst 1713, auf Anregung des damaligen Kammerpräsidenten Wilhelm Heinrich v. Tessin, ausgeführt, die Fahrstrasse von Berg bis Heilbronn hergestellt, und eine tägliche Schiffsverbindung zwischen Cannstatt und Ludwigsburg bezw. Neckarweihingen, eine wöchentliche mit Heilbronn eingerichtet. Aber schon nach einigen Jahren stand der Verkehr beinahe ganz still, bis im Jahre 1780 der Bürgermeister Weber in Cannstatt eine Speditionsfirma „Gsell, Rheinhard & Comp.", der er selbst beitrat, begründete, und vermittelst derselben einen regelmässigen, schwunghaften Güterbeförderungsdienst in Gang brachte. Damals wurden von Cannstatt stromabwärts neben Landeserzeugnissen vornehmlich italienische und österreichische Produkte, stromaufwärts hauptsächlich Kolonialwaren verfrachtet.

Mit dem Beginn unseres Jahrhunderts nahm die Schiffahrt wieder mehr und mehr ab und beschränkte sich schliesslich gegen Ende des ersten Jahrzehnts nur noch auf den Holztransport von Neckarrems nach Berg. Im Jahre 1819 erhielt dieselbe einen neuen Aufschwung mit dem Bau der Heilbronner Schleuse und des Wilhelms-Kanals; sie blühte mehr und mehr auf, bis ihr in den Eisenbahnen und in

[1] Beiträge zur Geschichte des betreffenden Verkehrs geben besonders die „Württembergischen Jahrbücher", so Jahrgang 1850, II. H., S. 129—139 (Pfaff), 1854 S. 106—147; 1844 S. 261—279 (Bürgermeister Titot); 1861, II. H., S. 155; 1838 S. 32; 1839 S. 66; 1840 S. 51; 1841 S. 309, 413; 1842 S. 67, 159; 1843 S. 65; 1845 S. 75; 1846 S. 73; 1847 S. 67; 1848 S. 78; 1849 S. 65; 1850 S. 24; 1851 S. 22; 1852 S. 23; 1853 S. 178; 1858 S. 83; 1860 S. 108, 110; 1861 S. 50, 154; 1862 S. 55; 1863 S. 40; 1865 S. 84; 1866 S. 106; 1867 S. 133; 1868 S. 137; 1869 S. 128; 1870 S. 154; 1871 S. 155; 1872 I. Heft S. 56; 1873 I. Heft S. S. 230; 1874 II. Heft B 119 (Riecke); 1878 I. Heft S. 202; 1880 I. Heft S. 164; 1882 I. Heft S. 196; 1883 I. Heft S. 277; 1884 I. Heft S. 475; 1885 I. Heft S. 139.

deren billigen, regelmässigen und raschen Güterbeförderung eine übermächtige Konkurrenz entstand. Den Höhe- und Wendepunkt bezeichnet das Jahr 1847, in welchem der Verkehr eine Ladung von 600 000 Ctr. zu Berg und 370 000 Ctr. zu Thal erreichte; von da ab sank mit Eröffnung der Eisenbahnlinie nach Heilbronn rasch die Ladung zu Berg auf nahezu ⁴/₇ des bisherigen Bezugs, nämlich auf 256 000 Ctr. im Jahre 1850. Die Ladung bestand hauptsächlich in Steinkohlen, Salz, Tabak, Eisen, Getreide und Baumwolle und erhielt sich auf dieser Höhe noch mehrere Jahre. Weniger beeinträchtigt wurde die Thalfracht, welche in den Jahren 1850—54 abwechselnd eine Ladung von 212—249 000 Ctr. beibehielt und erst mit dem Jahre 1863 unter 100 000 Ctr. herabsank.

In der Folge betrug die Cannstatter Berg- und Thalfracht zusammengenommen 1856: 368 000 Ctr., 1857: 209 000 Ctr., 1858: 201 000 Ctr., 1859: 293 000 Ctr., 1860: 341 000 Ctr. Noch 1863 belief sich die Fracht auf 260 000 Ctr. zu Berg und 74 000 Ctr. zu Thal; von da an verschwindet die Bergfracht (1866: 133 Ctr.), und sinkt die Thalfracht von Jahr zu Jahr, so auf 39 000 Ctr. 1865, 23 600 Ctr. 1866, 21 000 Ctr. 1867, 18 600 Ctr. 1868; im Jahre 1871 sind es nur noch 5580 Ctr.; 1872 0.

Auch auf dem untern Neckar drohte die Schiffahrt dem Verfall entgegenzugehen, da der Pferdezug den Transport zu unverhältnismässig verteuerte, und die Frachtsätze unter der Konkurrenz der Eisenbahnen immer mehr ermässigt werden mussten[1].

[1] Im Jahre 1843 war für den Personenverkehr von einer Privatgesellschaft eine Dampfschiffahrt auf dem Neckar zwischen Heilbronn und Heidelberg eingerichtet worden; aber der Betrieb litt an einem ständigen Rückgang, 1858 wurden die vier Dampfboote der Gesellschaft gegen die Kaufsumme von 56 000 fl. (50% der einbezahlten Aktien) vom Staate übernommen.

Befördert wurden z. B.

	1860		1866	
	Personen	Güter	Personen	Güter
zu Berg	13 525	9 136 Ct.	8 918	2 305 Ct.
zu Thal	16 120	15 873 „	12 213	3 584 „

Da der Rückgang sich stetig fortsetzte, so hatte er schliesslich die Einstellung der Dampfschiffahrt im Jahre 1868 zur Folge.

Da bereitete eine neuere Erfahrung in technischer und volkswirtschaftlicher Beziehung einen Umschwung vor. Die Ketten- und Seilschiffahrt nämlich machte in Frankreich, Belgien, Österreich, auf dem Rhein, auf der Havel und Saale solche Fortschritte, insbesondere erprobte sich die Kettenschleppschiffahrt, welche seit Jahrzehnten auf der Seine und seit 1866 auf der Elbe betrieben wurde, so vorzüglich, dass dadurch auch die Belebung der untern Neckarschiffahrt durch Ersetzung des kostspieligen, unzuverlässigen Pferdezugs nahe gelegt wurde. Anderseits machte man, hauptsächlich in England, in den Vereinigten Staaten von Nordamerika und in Frankreich, aber auch bei uns z. B. am Rhein die überraschende — die Haltung der Regierung beeinflussende — Erfahrung, dass Eisenbahn und Binnenschiffahrt nicht notwendig eine sich gegenseitig ausschliessende Konkurrenz bereiten, sondern unter Umständen sich wechselseitig ergänzen und fördern. Daher regten sich allerorten, am Rhein und an der Donau, sowie an ihren Nebenflüssen, dem Lech, Inn, der Isar, dem Main, an der Mosel, Saar, Nahe, Lahn, Ruhr u. s. w. die Bestrebungen nach einer Verbesserung der Binnenschiffahrt, und anerkannten auch die Regierungen die Notwendigkeit einer dadurch zu erzielenden systematischen Ergänzung des Eisenbahnnetzes.

So gelang es auch den energischen und unermüdlichen Bestrebungen eines Heilbronner Komites, dass die Kettenschleppschiffahrt 1878 auf dem untern Neckar eingeführt wurde. Ihr Betrieb erprobte voll seine Leistungsfähigkeit, erwies dem Handel und der Industrie die wichtigsten Dienste und rentierte über Erwarten. Diese günstigen Resultate gaben im allgemeinen eine mächtige Anregung zu Versuchen auf andern dazu geeigneten Wasserstrassen. Für den Rheinverkehr kam dazu, dass er in zehn Jahren bergwärts von 16·8 Mill. Ctr. im Jahre 1872 auf 29·5 Mill. im Jahre 1882, und thalabwärts von 30·2 auf 49·6 Mill. Ctr. stieg. Ausserdem machte in technischer Beziehung die Konstruktion der Schlepper und der Bau der Kähne sichtliche Fortschritte. Endlich ermunterte das stetige Sinken des Kapitalzinses und der Eisenpreise zu Kanal- und Schiffbau-Unternehmungen.

Alle diese Momente im Verein mit der Rücksicht auf die Konkurrenzfähigkeit unserer Industrie und die Verwertung der vorhandenen und verhältnismässig billigsten Naturstrasse drängten, wie schon im Vorwort hervorgehoben worden, immer wieder die Frage auf, ob denn, nachdem das Eisenbahnnetz unseres Landes nahezu ausgebaut ist, für die Wiedereröffnung der bis vor zwei Jahrzehnten auf dem mittleren Neckar bestandenen Schiffahrt, etwa in Wege der Weiterführung der bestehenden Schleppschiffahrt von Heilbronn bis Cannstatt, bezw. bis Esslingen wirklich schlechterdings keinerlei Aussicht gegeben sei. Die Handels- und Gewerbekammer Stuttgart ersuchte daher im Jahre 1883 das K. Ministerium des Innern um Veranlassung der hydrographischen Aufnahme des Neckars zwischen Heilbronn und Cannstatt und stellte hiefür zugleich die Summe von 2000 Mk. zur Verfügung.

Die hierauf unternommene technische Untersuchung lieferte ein günstigeres Ergebnis, als die Neckarwohner des Neckars selbst erwartet hatten. Es erübrigte, nachdem in technischer Beziehung die vorliegenden Zweifel über die Ausführbarkeit der Anlage einer Fahrstrasse gehoben waren, nunmehr noch die **Frage der Rentabilität** des Betriebs und der Möglichkeit der Beiführung einer genügenden Frachtmenge zu untersuchen. Eine solche Rentabilitätsberechnung aber bietet gerade für die vorliegende Neuanlage ihre besonderen Schwierigkeiten. Im allgemeinen nämlich können derlei Berechnungen auf dreierlei Grundlagen aufgebaut werden: einmal auf den Nachweise über den bestehenden Verkehr, dann auf dem über den unter gleichen Bedingungen stattfindenden Verkehr auf andern ähnlichen Strassen und endlich auf der Umfrage bei den Beteiligten. Demgemäss wäre auch im vorliegenden Falle das nächstliegende und einfachste eine Verarbeitung der in der Eisenbahnstatistik gegebenen Nachweise über den derzeitigen, thatsächlichen Verkehr gewesen. Indessen hätte eine solche Statistik nur einen bedingten Wert. Man kann ohne Mühe für die beteiligten Neckarorte ihren durchschnittlichen Bahnbezug an Kohlen, Getreide, Petrol etc. erheben. Aber wegen zweier unten noch darzulegender besonderer Hindernisse ist schwer vorauszusagen, welcher Prozentsatz davon für den Schiffsbezug in Rechnung gezogen werden darf.

Aus diesem Grunde erschienen der Handelskammer die aus der Eisenbahnstatistik zu erhebenden Daten, obgleich man aus ihnen schätzbare Winke hätte entnehmen können, nicht als direkt verwendbar; sie beschränkte sich vielmehr auf eine schriftliche Umfrage bei den Gewerbevereinen, bei den andern Württemb. Handelskammern und bei ihren Mandanten. Unsere Umfrage begegnete einem ziemlich regen Interesse und ergab, wie aus folgendem ersichtlich, wertvolle Streiflichter bezüglich der bisherigen Annahme über den voraussichtlichen Verkehr. *

Was den hiefür in Betracht zu ziehenden Rayon*) anbelangt, so kam zunächst in Frage, ob die Verkehrsbewegung der angrenzenden Orte für das Neckarthal als Sammellinie wohl

---

*) Mit Rücksicht auf das zunächst Erreichbare glaubte die Handelskammer bei ihrer Enquête vorerst die Strecke Cannstatt-Esslingen nicht besonders verfolgen zu sollen.

reiche. In dieser Beziehung leidet die projektierte Fahrstrasse unter dem besonderen Missstande, dass auf der ganzen Strecke von Heilbronn bis Cannstatt sich zu einem unmittelbaren Umschlag der Güter von den Schiffen auf die Eisenbahn und umgekehrt, wie er sonst die Rentabilität hauptsächlich sichert, eine Gelegenheit nicht bietet. Diese Thatsache stand von jeher greifbar vor Augen. Neu war für uns das Ergebnis der Enquête, dass auch auf den (früher bestandenen) Transit oberhalb Esslingen, ja sogar auf die oberhalb Cannstatt gelegenen Remsthalorte — obgleich uns von verschiedenen, in den betreffenden Verkehrszonen domicilierten Firmen belangreiche Frachtmengen in Aussicht gestellt worden sind — wegen des mit der Verladung verbundenen Zeitverlustes und Mehrkostenbetrags nur in Ausnahmefällen reflektiert werden kann. Für die Bezugszone Ruhrort—Rotterdam (Häute, Kolonialwaren etc.) sodann waren die neueren Erfahrungen bei der Heilbronner Kettenschleppschiffahrt von Wert. Selbstverständlich nämlich wäre es für den projektierten Schleppbetrieb von grossem Vorteil, wenn die Frachtschiffe direkt bis Ruhrort und Rotterdam fahren könnten. Speziell für Frankfurt z. B. haben gerade die grossen, direkt bis Frankfurt fahrenden Rheinschiffe den bedeutenden Verkehr erbracht. Dagegen sind die Heilbronner Schiffer von dem Versuche, durch den Bau sogenannter Rhein-Neckarschiffe mit einer Ladungsfähigkeit beträchtlich über 4000 Ctr. eine directe Verbindung mit Holland und der Ruhr herzustellen, im Laufe der letzten Jahre wieder abgekommen, weil das Resultat kein entsprechendes war. Diese Schiffe nämlich sind für den Rhein zu klein und für den Neckar zu gross. Nur eine Kanalisation des unteren Neckars könnte da helfen. Es würde aber der erzielte Effekt den bedeutenden aufzuwendenden Kosten gegenüber ausser allem Verhältnis stehen.

Fragt man nun, unter dem dargestellten Vorbehalte der Einschränkung bezügl. der vorhandenen Gütermenge und des Bezugskreises, welche Branchen und Güter für den Wasserverkehr in's Auge zu fassen wären, so gehören naturgemäss die Massengüter des Spezialtarifs III, wie Kohlen, Roheisen, Steine, Holz dem Wassertransport an. Im einzelnen scheinen bei einem oberflächlichen Überschlag hauptsächlich folgende weitere Güter in Betracht zu kommen: Baumaterialien: (Pflaster-, Bau- und Ziegelsteine), Cement, Kalk, Thonerde, Bausand, Dachschiefer, Mühlsteine, gebrannte Trottoirplatten. Thonrohre; Düngemittel; Fäkalien; neben Rund-, Nutz- u. Brennholz auch aussereuropäische Hölzer. u. Holzwaren; Kolonialwaren: Kaffee, Rohzucker, Zuckerraffinade, Zuckerrüben, Cichorien, Salz, Tabak und Tabakfabrikate; Getreide: Hafer, Gerste. Mais, Mehl; Kartoffeln, Gemüse, Hopfen; (Bier), Spiritus, Wein, Obst, Ölsaaten, Ölkuchen; Rohe Baumwolle, Garne; Chemikalien und chemische Rohstoffe: Chinarinde, Farbhölzer, Soda, Mineralsäuren, Salpeter, Schwefel, Valonea, Petroleum, Fettwaren; Roheisen, Stab- und Fassoneisen, Eisen- und Stahlwaren, Maschinen und Maschinenteile; Papier, Lumpen; Häute und Felle, Eichenrinde.

Die allgemeine, bisher obherrschende Anschauung über die Anfuhr-Menge und -Möglichkeit hat nun durch die nähere Prüfung unserer Enquête, wie sich aus nachstehendem ergeben wird, eine wesentliche Verschiebung erfahren.

II. Die Einrichtungs- und Betriebskosten der Schleppschiffahrt und ihr Verhältniss zu der in Aussicht zu nehmenden Berg- und Thalfracht.

1. Betrieb.

A. Bergfracht.

1) Kohlen-Anfuhr.

(Mutmasslicher Bezug 400 000 D.Ctr.)

Für alle bestehenden Schleppschiffahrten, insbesondere auch für die Heilbronner, bilden Kohle und Koks die Haupttransportartikel. Von den an dem Schiffahrts-Betrieb beteiligten Neckarorten bezogen 1887 an Kohlen (laut dem Verwaltungsbericht der K. Württembergischen Verkehrs-Anstalten pro 1886/87 S. 56—58)[1]

Stuttgart	1 295 670 D.Ctr.
Esslingen	363 670 „
Cannstatt	221 430 „
Besigheim	90 730 „
Lauffen a.N.	18 180 „
Obertürkheim	17 400 „
Marbach	16 490 „
Untertürkheim	7 000 „
	1 960 560 D.Ctr.

oder rund 2 Mill. D.Ctr.

Wie viel von diesen zwei Millionen D.Ctrn. dürften voraussichtlich für die Schleppschiffahrt in Anspruch genommen werden? Heilbronn bezieht mehr als ⁴/₅ seines Kohlenbedarfs, nämlich 767 000 DCtr., (bei einer Gesamteinfuhr von 1,02 Mill. DCtr.), auf dem Wasserweg. Dürften wir ein ähnliches Verhältnis zu Grunde legen, so wäre die Schiffahrt auf dem mittleren Neckar geborgen. Das geht aber aus einem doppelten Grunde nicht an. Einmal nämlich bezieht Stuttgart nahezu ¹/₄ seines

[1] Mit Rücksicht auf die neueste Tarifermässigung glaubten wir die abseits vom Neckar gelegenen Plätze Ludwigsburg, Feuerbach, Asperg, Waiblingen aufser Rechnung lassen zu sollen. Über Mannheim bezog Württemberg 1887 1 073 830 D.Ctr. pr. Eisenbahn.

Kohlenbedarfs von der Saar, woher der Eisenbahnbezug solange, als der Kanal von dort nach Ludwigshafen nicht erbaut ist, billiger als der zu Schiff sich stellt; sodann hat die neueste Ermässigung des Kohlentarifs vom 1. Juli 1888[1] die früher noch halbwegs denkbare Zuweisung eines Teils des Bahnbezugs nahezu gänzlich ausgeschlossen.

Die neueste Sachlage nämlich ist die: die Kohlenfracht von Mannheim nach Heilbronn beträgt heute 32 Pfg., nach Stuttgart 41 Pfg. pr. D.Ctr.; der Frachtsatz der Kettenschleppschiffahrt nach Heilbronn beträgt ebenfalls 32 Pfg. Augenscheinlich wäre es der neuen Gesellschaft nicht möglich, für die übrigbleibenden 9 Pfg. die grössere Strecke von Heilbronn nach Cannstatt zu befahren.

Vor 1. Juli 1888 betrug die Spielraum zwischen der Bahnfracht Mannheim-Stuttgart und der Wasserfracht Mannheim-Heilbronn doch noch 16 Pfg.; hiebei konnte man noch einen Teil des Bahnbezugs mit einigem Recht in Ansatz bringen.

Bei Einleitung unserer Enquête glaubten wir ferner nicht nur auf die über Mannheim vermittelten Kohlen-Ablieferungen, sondern auch, zu einem geringen Teil wenigstens, weiter auf die direkte

[1] Es beziehen gegen seither billiger:

	ab der Bahnstation Beckern	ab Mannheim und Ludwigshafen
	Mark pro 10 000 kg	
Ludwigsburg	6	7
Stuttgart	8	9
Cannstatt	8	9
Esslingen	9	10

Kohlenzufuhr von den Ruhr-Zechen reflektieren zu dürfen. Indessen hat sich auch die letztere Kalkulation im Laufe der Enquête als nicht ganz zutreffend erwiesen. Direkt per Bahn nämlich werden die Kohlen von der Ruhr nur dann bezogen, wenn die Rheinschiffahrt eingestellt, also auch die Konkurrenz des direkten Bezugs zu Wasser ausgeschlossen ist. Daher gelangen die Kohlen von der Zeche fast ausnahmslos per Schiff erst nach Mannheim, um dort entweder auf Eisenbahnwaggons übergeladen oder in Neckarschiffe übergeschlagen zu werden.

Unsere anfängliche Rechnung war nun folgende: „Bis 1. Juli 1888 betrug die direkte Bahnfracht pro 100 D.Ctr. Zeche — Stuttgart 127 Mk. [1]; inzwischen wurde die Fracht um 10 Mk. — bei einem Bezug von 100 D.Ctr. — ermässigt, sie beträgt also heute noch 117 Mk.

Dagegen berechnet sich der Wasserbezug im Durchschnitt folgendermassen:

per 10 Tonnen:
1. Fracht durchschnittlich von der
Zeche nach den Ruhrhäfen . Mk. 11. 50 Pfg.

[1] Die Kohlenfrachten Mannheim-Heilbronn stellen sich folgendermassen:

a) vor dem Juli 1888.

Bahnfracht:	Wasserfracht:
76 km badische Strecke zum Satze von 2,7 Pf. pro Kilometert. nebst Mk. 6. — Expeditionsgebühr, zusammen . Mk 23. —	115 km Neckarstrecke.
12 km württemberg. Strecke z. Satze von 3,0 Pf. pr kmt. nebst Mk. 6. — Espdgeb., zusammen . Mk. 10. —	
88 km Bahnfr. Mk 33. —	Wasserfracht J. 1888 Mk 34. —

b) nach dem Juli 1888.

76 km badische Strecke unverändert, wie oben . . . Mk. 23. —	
12 km württlg Strecke zum Satze von 2,2 Pf. pr 1 kmt. nebst Mk. 6. — Expeditgeb. zusammen . . Mk. 9. —	
88 km Bahnfr. Mk. 32. —	Wasserfracht n. J. 1888 Mk. 32. —

Zu dieser Wasserfracht kommen noch an Assekuranz 50 Pf. und für das Überschlagen in das Neckarschiff 1 M. 20 Pf.; die Gesamtkosten nach Heilbronn belaufen sich also auf 33 M. 70 Pf. Stellen wir den letzteren die Bahnfracht Mannheim-Bretten-Stuttgart mit zusammen 43 M. 20 Pf. (Bahnfracht 41 M., Kosten des Überkrahnens in Mannheim aus dem Rheinschiff auf den Waggon 2 M. 20 Pf.) gegenüber, so bleiben für die Strecke Heilbronn-Stuttgart pro 9 M. 50 Pf. übrig.

Übertrag: Mk. 11. 50 Pfg.
2. Einladespesen in's Rheinschiff . 1. 50 .
3. Assekuranzkosten . . . . —. 50 . [1]
4. Rheinfracht . . . . 26. — .
5. Überschlagen in Mannheim vom Rheinschiff in's Neckarschiff durch den Schiffer 1.2 Pfg. per 100 kg, also pro 100 D.Ctr. . . 1. 20 .
Mk. 40. 70 Pfg.

Für den Wassertransport von Mannheim nach Cannstatt könnten demnach
Mk. 117. — Pfg.
. 40. 70 „
Mk. 76. 30 Pfg.

zugestanden werden.

Seit 1. Juli 1888 beträgt die Neckarfracht Mannheim—Heilbronn 32 Mk.; würde die Schleppschiffahrt bezw. der Schiffer für den direkten Tarif Mannheim—Cannstatt auch nur das Doppelte, nämlich 64 Mk. berechnen, so würden sie, trotz der im II. Teil aufgezählten, durch die grössere virtuelle Länge bedingten Mehrkosten, (wie wir auf Grund des Gesetzes der Massenumsätze und der Bevorzugung der Grosskonsumenten wegen der ergiebigeren Ausnützung der Zugkraft und des Laderaumes, sowie wegen der Verteilung und Verringerung der Gewerbspesen unten noch nachweisen werden) immer noch ein gutes Geschäft machen. Der neue Tarif der Schleppschiffahrt könnte also immerhin noch um 10—12 Mk. niederer gestellt werden als die Bahnfracht.

Nun stellt eine Ersparnis von 10 Mk. per Waggon für jede bedeutende Fabrik eine solche von mehreren 1000 Mk. per annum, also einen genügenden Anreiz zur Bevorzugung des Wasserbezugs dar. Und zwar würde dieselbe für die in der Nähe des Neckars gelegenen Etablissements durch Ersparnis an den Beifuhrkosten, die z. B. vom Güterbahnhof Stuttgart 10 Mk., vom Hafen Berg aber etwa nur 3 Mk. betragen, ganz wesentlich noch verstärkt. Die Gasanstalt Berg-Stuttgart z. B. konsumiert jährlich 2—300000 D.Ctr. Kohlen; der Wasserbezug würde ihr hienach allein 17 × 3000 = 51000 Mk. ersparen.

Dieser Gewinn ist immer noch so belangreich, dass eine andere Unzukömmlichkeit früher oder später überwunden werden dürfte. Dieselbe besteht, wie

[1] Obiger Durchschnittssatz wurde von Mannheimer Firmen angenommen; auf welcher Grundlage, ist in dem dortigen Handelskammerbericht, der ihn mitteilt, nicht ausgegeben. Für Frankfurt stellte sich 1887 im Jahresdurchschnitt:

Zechen-Anschlussfracht und Einladen . . . 16 Pf. für 100 kg Schiffsfracht in eisernen Schleppkähnen bis
Frankfurt . . . . 16 „ „ „
Schleppkuhn . . . . 18 „ „ „

Hiesige Firmen nahmen auf unsere Anfrage 15 Pf. für die Zechen-Anschlussfracht und 36 Pf. als Durchschnitt für den Transport nach Mannheim an.

schon angedeutet, darin, dass in Stuttgart und Cannstatt unverhältnismässig mehr Saarkohle als Ruhrkohle gebrannt wird. In Heilbronn ist das Verhältnis von jeher, seit der Dampf- und Maschinenbetrieb dort eingeführt worden, anders gewesen. Immerhin ist jedoch, namentlich für die am Neckar gelegenen Etablissements, die Annahme nicht zu gewagt, dass das bisherige Bezugsverhältnis sich durch eine mit dem Wasserbezug gegebene Frachtermässigung zu Gunsten der Ruhrkohle wesentlich verschieben dürfte. Allerdings müssten erst manche Röste verändert, und die Heizer besonders eingelernt werden. Dafür hat aber die Ruhrkohle einen besseren Heizeffekt, stellt sich an der Zeche billiger als die Saarkohle, und ist der Bezug für die Schmiedewerkstätten und für Ofenbrand ziemlich belangreich.

Hiernach dürften von den oben berechneten 2 Mill. D.Ctrn. Kohlen doch — allerdings nicht für die allernächste Zeit sofort nach Eröffnung des Betriebs, aber doch für nicht zu lange herunach[1]) — wenigstens ⅓ des Gesamtbedarfs mit 400 000 D.Ctr. für den Wasserbezug beansprucht werden. Wir gehen dabei nicht so weit, wie Regierungsbaumeister Klett in seiner Broschüre von 1880, der ohne weiteres für die Gasanstalten[2]) den Übergang von der bisherigen Verwendung der Saarkohle zur Ruhrkohle unterstellt; denn deren Kohlenbezug unterliegt besondern Verhältnissen." —

So stellte sich unsere Berechnung vor der Tarif-Ermässigung vom 1. Juli 1888. Dass dieselbe auch heute, noch wenigstens zum Teile, zutrifft, ist zunächst schon deshalb anzunehmen, weil der Eisenbahn eine Entlastung, namentlich zur Herbstzeit, nicht unerwünscht käme, zumal der heutige Kohlentransportpreis kaum mehr die Kosten deckt.

Nicht unerwähnt dürfen wir ferner lassen, dass die Kanalisirung der Ruhr, wofür die Vorarbeiten im Gange sind, in nicht zu weiter Ferne steht, damit aber die Kohlenfracht aus dem dortigen Revier sich wesentlich ermässigen, und überdies die nachteilige Umladung in Ruhrort hinwegfallen würde.

Weiter spricht dafür, dass unser obiger Ansatz auch nach dem neuesten Stande immerhin noch eine gewisse Berechtigung hat, die Erfahrung des Frankfurter Schiffahrtsbetriebs (der allerdings direkte Rheinschiffe benützt). Hierüber äussert sich Puls in seiner Broschüre über den „wirtschaftlichen Wert der Mainkanalisirung"[1]) in folgender sehr bezeichnender Weise:

„Dass die Kohle, für welche rascher Transport nicht das Hauptbedürfnis ist, die neue Wasserstrasse ausgiebig benützen werde, war vorauszusehen. Allein dass Händler und Fabrikbetriebe so grosse Massen davon zu Schiff beziehen würden, dass der von aus 1879 berechnete mutmassliche Verkehr von 3 Millionen Centnern schon im ersten Jahr im Frankfurter Hafen um 74 000 Centnern, und auf dem kanalisirten Main um 2 Millionen Centner übersteigen werden würde, konnte kaum erwartet werden. Dieses Betriebs-Ergebnis ist um so wertvoller, als bei den grössten Rheinschiffen eine völlige Ausnützung des Schiffsraumes noch nicht möglich war, und die bereits oben angedeuteten Störungen und Übelstände den Verkehr noch beeinträchtigten.

Der enorme Zuwachs kommt namentlich den westphälischen Ruhrkohlen zu gute, wofür die Wasserfracht Schiffsfracht und Schlepplohn) im Durchschnitt 32 Pfg. für 100 kg., also mit Hinzuziehung der Ausschleusenfracht von 16 Pfg. von den Zechen bis an den Rheinbahnstationen Hochfeld, Duisburg und Ruhrort, 48 Pfg. bis Frankfurt a. M. ausmacht.

Dagegen betrug die Bahnfracht ab den Zechen bis Frankfurt a. M. 77—79 Pfg., so dass die Ersparnis für die Schiffskohlen, bei einer Schwankung von 70—40 Pfg., durchschnittlich 30 Pfg. für 100 kg. ergiebt.

So bleibt 399 637 M. Frachtdifferenz, welche den Konsumenten insbesondere der Industrie, für deren Zwecke sich die Schiffskohle voll und ganz Eingang verschafft hat, zu gute kommt. Die vorstehende Summe ist der 5%igeZins eines Kapitals von 7 992 740 Mk. (der Kostenaufwand für die Kanalisierung betrug 6½ Mill. Mk.). Es ist hiernach erklärlich, daß der neu erschlossene Wasserweg der Industrie durch billigere Beschaffung der Rohmaterialien den Kampf mit der auswärtigen Konkurrenz erleichtert und für die Rentabilität der Betriebe von hoher Bedeutung ist."

„Für Privatzwecke, also Haus- und Herdbrand, hat sich die Schiffskohle auch nicht in gleich schneller Weise wie für Industriezwecke eingeführt, weil dafür viel bessere Sorten, wie Stückkohle, Nusskohle und Anthracitkohle, auch Coakskoks zur Verwendung kommen. Jedoch wird auch hier der erheblich billigere Preis in Zukunft den Ausschlag geben. Die Ansicht, als ob die Händler den ermässigten Frachtsatz den Käufern nicht zu gute kommen liessen, ist durch die Erfahrung widerlegt worden. Die Preisermässigung kommt vielmehr dem Publikum beim Grosseinkauf ganz, beim Detailgeschäft fast ganz zu gute, indem die Kohle während der offenen Schiffahrt stets um die Differenz zwischen Bahn- und Wasserfracht billiger verkauft wird; ein Fingerzeig für die Konsumenten, sich rechtzeitig für den Winter in den Sommermonaten zu versorgen.

Der Händler hat von dem neuen Wasserweg nur vermehrtes Risiko, aber kaum einen Vorteil; er erhofft aber eine Ausdehnung des Absatzgebietes. Selbstverständlich setzt eine derartige Entwickelung voraus, dass der Umschlags- und Transit-Verkehr mit Kohlen durch ermässigte Tarife vom Hafen Frankfurt nach den verschiedenen Stationen, welche hierbei in Betracht kommen, unterstützt wird, so dass die Frachtersparnisse des Wasserwegs nicht durch Lokalspesen wieder aufgehoben werden."

---

[1]) Schon im allgemeinen muss man, da neue Wasserstrassen nur ausnahmsweise sofort rentieren, eine Periode von mehreren Jahren, bis sich das Unternehmen eingelebt hat, zu Grunde legen; dies gilt namentlich auch für den Artikel Kohle, dessen normale Bezugsfrequenz erst erreicht wird, wenn Umschlagplätze erstehen, und Kohlenlager, sei es von Kohlengeschäften, welche den Zehen ihre Propositionen machen, oder von unternehmenden Zechen, welche die Schiffahrt in ihrer ruhigen Zeit beschäftigen, errichtet werden.
[2]) Vielleicht würden es die Gasanstalten versuchen sich ihren Bedarf an englischer Gaskohle zu Schiff zu beziehen; in Frankfurt wenigstens wurden davon 1887 rund 100 000 DCtr. per Rheinschiff angeführt.

[1]) Wir beziehen uns im folgenden noch mehrfach auf diese Broschüre, weil der Güter-Empfang und -Versand Frankfurts vor der Eröffnung der Kettenschiffahrt mit dem Stuttgarts ziemlich gleich war, auch die Erfahrungen neuesten Datums, und bezüglich des Rheinverkehrs direkt für uns massgebend sind.

2) Pflastersteine.
(Gesamt-Anschlag 250 000 D.Ctr.) ¹).

Die Strassenbau-Inspektion der Stadt Stuttgart bezieht von Dossenheim bei Heidelberg jährlich ca. 1000 Eisenbahnwagenladungen Porphyr à 100 D.Ctr. 100 000 D.Ctr. ca. 100 Eisenbahnwagen Pflastersteine von Knsel = 10 000 _ 1100 Eisenbahnwagen mit 110 000 D.Ctr.

In den früheren Jahren betrug die Anzahl der Eisenbahnwagen für Steinzeugwaren aus der Fabrik Espenschied in Friedrichsfeld rund 50 à 200 D.Ctr. Im Rechnungsjahr 1886/87 stieg die Wagenzahl auf 80, welche Summe auch für künftige Jahre in Rechnung zu nehmen sein wird. 80 Wagen à 100 D.Ctr. geben 8000 D.Ctr. Die Stadtgemeinde Cannstatt stellt 12 000 D.Ctr. in Aussicht.

Bezüglich der Verwendung von Porphyrsteinen für die Staats- und Amtskörperschaftsstrassen äussert sich Oberbaurat Leibbrand dahin, es sei bei Fortsetzung der Kettenschiffahrt bis Cannstatt anzunehmen, dass sich der Bezug von Porphyrsteinen aus dem badischen Odenwald grossenteils der Wasserstrasse bedienen würde. „Die schon bislang für Staatsstrassen pr. Bahn nach Stuttgart und Ludwigsburg kommenden 400 cbm. = 5700 Tonnen fallen unbedingt der Kettenschiffahrt zu; ausserdem ist aber noch mit Bestimmtheit zu erwarten, dass die Porphyrverwendung auf Staatsstrassen zunehmen wird, so dass etwa

400 cbm	570 Tonnen	in Lauffen und Kirchheim	
600	857	„ Besigheim	
1800	2570	„ Marbach u. Neckarweih.	
400	570	„ Cannstatt	
	9697 Tonnen		

oder rund 10 000 Tonnen zur Verfrachtung kämen. Die Strecke Cannstatt—Esslingen wird für Porphyrbezug für Staatsstrassen nicht in Aussicht zu nehmen sein, da hier der Basalt von Urach wirksam in Konkurrenz tritt."

„Der Bezug seitens der Amtskörperschaften und Gemeinden an Porphyr ist — von Stuttgart abgesehen — nur unerheblich; lokale Interessen stehen hier der Einkehr des Guten vorerst noch hindernd im Wege, ich zweifle aber nicht daran, dass dies ganz anders werden wird, wenn erst der Staat selbst reichlichere Porphyrverwendung einführt, dann ist von Heilbronn bis Stuttgart in allen grösseren Gemeinden auch für den Porphyr ausgedehntere Verwendung in Aussicht zu nehmen; ich schätze das diesbezügliche Quantum auf mindestens 1000 cbm. = 1430 Tonnen." —

¹) Frankfurt bezog 1887 an Steinen im ganzen 1 673 581 D.Ctr., davon zu Schiff 835 255 D.Ctr.

3) Getreide.
(Mutmasslicher Bezug: 40 000 D.Ctr.)

Für den Getreidebezug gaben anfangs die Müller und Getreidehändler gute Aussicht; es wären hiefür hauptsächlich sieben Kunstmühlen, in Besigheim (ca 40 000 D.Ctr.), Grossingersheim (20 000 D.Ctr.), Neckargröningen, Neckarrems (cn 12 000 D.Ctr.), Mühlhausen, Cannstatt und Berg mit einem Jahresbedarf von 170 000 D.Ctr. ins Auge zu fassen (auf die Brauereien in Cannstatt und Stuttgart ist nicht zu rechnen). Wie viel aber davon in Wirklichkeit für den Wasserverkehr abfallen dürfte, dafür lassen sich verlässliche Ziffern nicht aufstellen. Denn jede neue Ernte, und ihr verschiedenes quantitatives und qualitatives Ergebnis verleiht dem Geschäftsgang ein anderes Bild; bald ist der Bezug östlicher Provenienzen (Bayern, Österreich-Ungarn) lohnender, bald der Bezug rheinaufwärts vorzuziehen.

Bezeichnend ist, dass Heilbronn an Getreide im Jahre 1885 nur 14 451 D.Ctr., 1887 sogar nur 999 D.Ctr., Frankfurt dagegen 1887: 257 937 (bei einer Gesamtzufuhr von 496 503) D.Ctr. zu Schiff bezogen hat. Jedenfalls darf über ein Viertel des Jahresbedarfs nicht in Rechnung genommen werden. Dass dies jedoch keinesfalls zu hoch gegriffen ist, zeigt der Württembergische Eisenbahn-Empfang von Mannheim, welcher im Jahre 1887 (nach der amtlichen Statistik der Güterbewegung auf deutschen Eisenbahnen) an Waizen 364 230 D.Ctr., Roggen 17 860, Haber 9340, Gerste 22 245, Mehl 25 870, Mais und Hülsenfrüchten 68 160 D.Ctr. betrug.

4) Öle.
a) Petrol.
(Mutmasslicher Bezug: 30 000 D.Ctr.)

An Petrol darf man für Stuttgart einen Jahresbezug von 30 000 D.Ctr., für Cannstatt einen solchen von 5000, für die anderen Neckarorte von zusammen 3000 D.Ctr. annehmen. (Wegen des Dekalos wäre es dabei notwendig, einige Schleppkähne mit Blecheinlagen auszurüsten; ausserdem wären Lagerräume am Hafen einzurichten.)

Diese Annahme stützt sich auf die Jahresbedarf, sowie auf die Bahnversand Mannheims, und den Wasserbezug Heilbronns und Frankfurts. Mannheim nämlich versandte im Jahr 1887 p. Eisenbahn nach Württemberg an Petrol 89 630 D.Ctr., Heilbronn bezog zu Wasser 7476 D.Ctr. Mineralöl und 15 280 D.Ctr. Petrol, Frankfurt an beiden zusammen 7117 D.Ctr. Der geringere Bezug in Frankfurt rührt daher, dass dort noch kein Petrolmagazin unmittelbar am Kanal erbaut ist, und dass ferner die Schiffahrtsgesellschaften sich noch nicht entschliessen konnten, diesen Artikel mit einer entsprechend geringeren Fracht als gewöhnliche Güter in kleinen

Quantitäten zu übernehmen. Allerdings eignet sich Petroleum wegen seines Geruchs nicht zu Beiladungen, sondern nur für ganze Ladungen. Überdies werden noch gewisse Vorbehalte gemacht, z. B. „wenn das fragliche Schiff hierherkommen kann", oder „wenn die Schiffsgesellschaft resp. das betreffende Schiff noch Raum hat". Unter solchen Umständen kann sich der Händler nicht leicht veranlasst sehen, diesen Artikel nach Frankfurt zu verfrachten, und muss daher wie früher, seine Einkäufe auf dem Wasserweg bis Gustavsburg und Mainz leiten. Die Frankfurter Schleppschiffahrtsgesellschaft dürfte, nachdem die neuen Schiffe beschafft sind, diese Verfrachtung energischer in die Hand nehmen, da der Vertreter der Gesellschaft in Rotterdam wohl in der Lage wäre, sich mit den Importeuren daselbst bezüglich der Betrachtung ins Benehmen zu setzen. Der einzelne Geschäftsmann kann das ganze Risiko nicht allein tragen.

b) Öle, Fette, Talg.
(Mutmasslicher Bezug: 10 000 D.Ctr.)

Für Öl (Palmkernöl, Ölsaaten für die Öl-Firnis- und für Seifenfabriken) wären Oberürkheim, Esslingen, eventuell auch Feuerbach mit einem Gesamtbedarf von ca 100 000 D.Ctr. sehr ausgiebige Anfuhrorte, fallen aber vorerst noch ausserhalb des Rahmens unserer Zusammenstellung. Wir glaubten höchstens 5000 D.Ctr. einstellen zu dürfen, aus Gründen, welche die Besigheimer Ölfabrik in instruktiver Weise dargelegt hat. Dieselbe sagte nämlich zwar verschiedene Tausend D.Ctr. an überseecischen Ölsantbezügen „unter Umständen" zu, fügte aber bei, dass sie sich darüber keine grossen Hoffnungen mache, dass ihr die neue Wasserstrasse diejenigen Vorteile bieten werde, um von dem Unternehmen ausgiebigen Gebrauch machen zu können. „Einesteils ist es", sagt unser Gewährsmann, „die längere Reisedauer, die ein Bezug pr. Wasser von Mannheim bis Besigheim gegenüber einem direkten Bahnbezug zum Nachteil hat, andernteils habe ich — was schwerwiegend ins Gewicht fällt — meine Saaten, sobald sie in Mannheim greifbar sind, pr. Bahn in höchstens zwei Tagen hier, während bei einer Beförderung zu Wasser immerhin 14 Tage in Berechnung zu ziehen sind (ohne damit sagen zu wollen, dass die Reise immer so lange dauert, sondern ich sehe dabei auch den Aufenthalt in Mannheim, bzw. Heilbronn vor, da die Verladegelegenheiten nicht täglich vorhanden sind, wie das bei der Bahn der Fall ist).“

„Ein anderer Nachteil ergibt sich für mich aus dem Umstande, dass die Versendung meiner Produkte, nachdem die Lage meiner Absatzgebiete die Benützung der Schiffahrt ausschliesst, durchweg pr. Bahn geschieht, und ich also doppelt zu fahren hätte; zunächst um meine Güter vom Schiff abzuführen, und dann, um die zu versendenden Produkte auf die Bahn zu verbringen, während dies bei meiner jetzigen Bezugsweise miteinander verbunden werden kann, indem meine Fuhren, welche die Saaten von der Bahn abführen, zu gleicher Zeit meine zur Versendung kommenden Erzeugnisse an die Bahn verbringen, es würde mithin der Bezug pr. Wasser eine Vermehrung meines Fuhrwesens bedingen."

„Unter Zugrundelegung dieser Gesichtspunkte, und um einen Wasserbezug an Stelle des seither von mir benützten Bahnbezugs von Mannheim bis Besigheim vorteilhafter erscheinen zu lassen, dürften die Transportkosten für diese Strecke 40 Pfg. pr. 100 Kgr. keinenfalls überschreiten. Ob aber ein solcher Satz praktikabel, resp. für das Unternehmen rentabel ist, möchte ich fast bezweifeln; ist doch der Mannheim-Heilbronner Schleppschifffahrtsdienst, der unter günstigeren Wasserverhältnissen arbeitet, wie dies am obern Neckar der Fall wäre, und der auch durch einen weit intensiveren Verkehr vorteilhafter situirt ist, bis jetzt noch nicht in Stande gewesen, gegenüber der Bahn bei meinen Saatzügen konkurriren zu können, oder mir wenigstens solche Propositionen zu stellen, die der Bahnfracht gleich kämen, obwohl in dieser Hinsicht seitens der Heilbronner Interessenten schon alles aufgeboten wurde. Ich beziehe heute trotz der kleinen Entfernung von Heilbronn thatsächlich billiger pr. Bahn von Mannheim, als pr. Wasser Mannheim—Heilbronn, und von da ab pr. Bahn, ganz abgesehen von den Vorzügen, die ein direkter Bahnbezug in vielen Punkten noch weiter hat."

„Wenn wir trotz dieser Bedenken auf einen Bezug von mindestens 10 000 D.Ctr. an Öl, Fetten, Talg etc. reflektieren, so dürfte dies im Hinblick darauf, dass Heilbronn das Zehnfache, Frankfurt schon jetzt fast das Zwanzigfache bezieht, als nicht zu optimistisch erscheinen.

Im Jahr 1887 bezog Heilbronn zu Schiff
v. Rotterd., v. Antwerp., v. Mannh.
in D.Ctr.

Ölsaaten	15 775	—	11 882
Talg	10 152	—	481
Palmkerne	9 832	123	—
Palmkern- u. a. Öl	23	—	491
Thran	5 359	—	—
Leinöl	2 613	—	901
Ölsaaten	15 795	5456	—
Erdnüsse	18 871	3695	3284
Terpentinöl (dekalmt sehr)	—	400	

Frankfurt bezog 1897: 182 160 D.Ctr. Palmöl (wohl hauptsächlich für die Offenbacher Seifen- und Parfümeriefabrikation) und sieht einer Bezugssteigerung entgegen, sobald eine regelmässige Dampfschiffahrt eingerichtet ist, und das Lagerhaus für Öle mehr benützt werden kann.

I. 11

Mannheim lieferte 1887 nach Württemberg pr. Eisenbahn: Öle, Fette, Thran 15000 Leinund Ölsamen 82675, andere Sämereien 6400, Ölkuchen 1695 D.Ctr.

Hienach würden unter der Voraussetzung, dass man noch einen Teil der Kohlenanfuhr, auch nach der Tarif-Ermässigung vom 1. Juli 1888, in Rechnung ziehen darf, die eben aufgezählten 4 Artikel allein die erforderliche Bergfracht ergeben, nämlich:

1) der Kohlenbezug; er erreicht für die unmittelbar am Neckar gelegenen Plätze — je nachdem mehr oder minder rasch die Fabriken den voraussichtlichen Übergang von der (bisher wegen Frachtersparnis bevorzugten) Saarkohle zur Ruhrkohle vollziehen, und je nachdem die Ruhrer Kohlenzechen Lager in Cannstatt, bzw. Esslingen errichten, etc. etc. voraussichtlich etwa . . 100000 D.Ctr. (Heilbronnbezug 1886; 767000 D.Ctr.):

dazu käme:
2) die Aufuhr Dossenheimer (bei Heidelberg gebrochener) Porphyrsteine, des Strassenmaterials für die Stuttgarter, Cannstatter (und Esslinger) Stadtgemeinden, und für die an den Neckar angrenzenden Staats- und Körperschaftsstrassen mit zusammen . . . . 250000 „
(und zwar mit 150000 D.Ctr. für die städtischen und 100000 D.Ctr. für die Staatsstrassen)

3) der durchschnittliche Getreidebezug der hiesigen Produktengeschäfte, und der sieben dem Neckar entlang, von Berg bis Besigheim gelegenen Kunstmühlen mit . . 40000 „
sowie
4) die Beifuhr an Petrol und Öl zusammen mit . . . . 40000 „
730000 D.Ctr.

Indessen sollte die Bergfracht, um eine Rentabilität von 3½ % zu erzielen, mindestens, wie wir unten S. 21 noch sehen werden, die Höhe von 1 Mill. bis 1¼ Mill. D.Ctr. erreichen. Wir haben also zu untersuchen, welche weiteren Artikel etwa noch in Betracht zu ziehen wären. Hiefür drängen sich nun von selbst die Güter der Spezialtarife I und II, wie Abfälle, Metalle, Soda, Schwefel, Thoneide u. s. w. auf. Bei diesen Gütern, die von den deutschen Eisenbahnen zu den niedrigsten Normalsätzen — durchschnittlich 2,6 Pf. des Spezial-Tarifs III, 3,5 Pf. des Spezial-Tarifs II und 4,5 Pf. des Spezial-Tarifs I pro Tonnenkilometer — gefahren werden, kommt es weniger auf schnelle, als auf billige Beförderung an. Die Eisenbahnen liefern schneller als die Wasserstrassen in den im voraus bestimmten, genau begrenzten Lieferfristen, welcher Vorzug in ihren höheren Frachttarifen zum Ausdruck gelangt. Um deshalb die überflüssige Geschwindigkeit nicht bezahlen zu müssen, vermeiden die Waren, welche eine längere Transportdauer ertragen, den Schienenweg und benützen, soweit möglich, die Wasserstrassen. Die Bahnen werden daher durch die neue Wasserstrasse von denjenigen Gütern entlastet, deren Fracht, namentlich in Ausnahmetarifen, die Selbstkosten nur wenig übersteigt.

Bezüglich des Neckars jedoch kommt hier besonders in Betracht, dass auf ihm das Entscheidende für den Schiffsbezug, nämlich die Höhe der Fracht und die einzuhaltende Lieferzeit, schon aus technischen Gründen minder günstig liegt. Wie unten noch näher dargestellt wird, ist die Länge der Eisenbahn von Mannheim nach Cannstatt mit 135 Kilom. namhaft geringer, als die der Wasserstrasse mit 189 Kilom.; wegen der Schleusungen würde die Fahrt von Mannheim nach Cannstatt mindestens 5 Tage erfordern, anderseits würde die ebenerführte Stromentwicklung nicht so billige Frachten zulassen, wie sie auf dem untern Neckar bestehen. Demgemäss wird die Eisenbahn nur einen Bruchteil des Quantums im allgemeinen, und im einzelnen nur wenige, besonders schwerwiegende und minder wertvolle Güter an die Schiffahrt abgeben.

Der Schleppschiffahrtsbetrieb müsste einerseits durch Wegräumung mancher, noch auf Holländischer und Mannheimer Seite bestehender Hemmnisse es ermöglichen, dass nicht die Lieferzeit unverhältnismässig lang sich ausdehnt, anderseits aber doch die Frachtsätze mindestens so nieder, als die Bahn-Fracht stellen, damit dadurch die längere Reisedauer, sowie der Verlust durch Assekuranz, ferner an Gewicht (Dekalo) und Zinsen ausgeglichen wird. Wie weit hierin die Schiffahrt gehen könnte, lässt sich nicht voraussehen, also schon deshalb der Bruchteil nicht, auch nicht mit einiger Wahrscheinlichkeit bestimmen, welcher ihr vom bisherigen Bahnbezug zufiele. Dazu kommt noch, einmal dass wegen des ebenso notorischen, als fast unvermeidlichen Diebstahls auf dem Schiff[1]) manche Firmen z. B. für Kohlen oder Kolonialwaren prinzipiell den Wasserbezug meiden, dass ferner bei jedem der Konjunktur und dem Geschäftsandrang, z. B. vor Ostern und im Spätjahr, der sichere und raschere Bahnbezug notwendig vorzuziehen ist, für manche Artikel also etwa ½ des bisherigen Bahnbezugs von dem Wassertransport zum voraus in Abzug zu bringen wäre; ferner kann mancher Versender, wenn er nicht in Ungelegenheiten kommen will, den Wasserbezug wegen der Gefahr der Sperrung durch Eis im Frühjahr nicht allzufrüh, und im Spät-

[1]) Durch eine strafe Zucht ist zwar hierin vielfach, auf der Elbe u. s. w. eine merkliche Besserung geschaffen worden.

jahr nicht allzulang riskieren; für Rohcisen oder Kolonialwaren z. B. wird man deshalb nur auf Posten reflektieren können, welche auf längere Termine verkauft sind.

Andererseits ist nicht ausgeschlossen, dass unser Handel in Kolonialwaren, Eisen, Häuten u. s. w. sein Absatzgebiet nach Süden und Osten erweitern wird, falls er einmal dorthin die Waren billiger, als heute zuführen kann.

Dementsprechend kommen im einzelnen in Betracht:

1. Kolonialwaren.

(Mutmassliche Anfuhrmengen: Kaffee ca. 60000, Reis 6000, Kreide 3000 D.Ztr.)

Für die Sammelposition Kolonialwaren ziehen wir in Betracht: (Zucker) Kaffee, Kreide, Häringe, Soda, (Thee), Reis und Schmalz (amerikanisches Schweinefett), ausserdem noch Gewürze, Südfrüchte, getrocknetes Obst, Wein, Sämereien, Hülsenfrüchte[1]).

Die Anfuhren hierin können auf zusammen 15000 D.Ztr. berechnet werden, und zwar auf folgender Grundlage:

Solange die Schiffahrt bis Cannstatt betrieben wurde, war für sie der Kolonialwarenhandel ein Hauptkunde. Heute bezieht Heilbronn (Anfuhr des Jahres 1887) zu Schiff

	v. Rotterdam, v. Antwerpen.	v. Mannh. in D.Ztr.:	
Kaffee	14505	250	788
Zucker	—	—	15143
Reis	5638	1403	—
Reisfuttermehl	1150	267	—
Schmalz	292	2085	431
Wein	2035	—	791
Weinhefe	997	—	1622
Sprit	—	—	748
Häringe	910	—	251
Südfrüchte	234	—	450
Gewürze	534	—	230
Sago	799	—	129
Cichorien	—	—	112
Stärke	201	—	—

Geringere Anfuhrmengen, als der Heilbronner Verkehr aufweist, nehmen wir jedoch für den Cannstatter aus folgenden Gründen an: Da die Kolonialwaren meistens in kompletten Waggons oder in Sammelfracht bezogen werden, und manche Artikel, wie Salz, Soda etc. Ausnahmetarife haben, so trifft auf sie die schon oben angedeutete Voraussetzung hier noch besonders zu, dass nämlich die Frachtsätze sehr nieder gegriffen werden müssen, und nur hiedurch für den Wasserbezug die längere Reisedauer und der Verlust an Gewicht (Dekalo), Assekuranz und

---
[1]) Für die Thalsendung gäben Pflaumen von Regensburg-Ulm her eine ausgiebige Fracht.

Zinsen ausgeglichen wird. Aber selbst unter dieser Voraussetzung könnte ein Teil der Kolonialwaren — zur Zeit des Geschäftsandranges im Spätjahr und vor Ostern — der Wasserstrasse überhaupt nicht zugewiesen werden.

Was die einzelnen Frachtsätze anbelangt, so betragen dieselben nach Mannheim nach Stuttgart für Kaffee 91 Pfg., für Reis, Häringe (Ausnahmetarif) 72, bezw. 75 Pfg. pr. D.Ztr.; bringt man davon die Mehrausgabe für Assekuranz von 3 Pfg. pr. D.Ztr. in Abzug, so wäre der zulässige Maximalsatz für die Strecke Heilbronn-Stuttgart 30 Pfg.

Immerhin wären die Mengen nicht unbeträchtlich. An Kaffee z. B. beträgt der durchschnittliche Jahresbezug allein für Stuttgart ca. 8000 Ballen = 5000 D.Ztr.; zieht man davon das der Bahn aus den oben angegebenen Gründen nicht zu entziehende Drittel ab, so verblieben immerhin noch über 3000 D.Ztr.; für Reis wäre das Doppelte in Rechnung zu nehmen, ebenso für Kreide, von welcher manche Einzelfirmen ca. 500—1000 D.Ztr. aus Strassburg, bezw. Chalons geliefert erhalten).

Zucker liessen wir vorerst ausser Ansatz, obgleich der Heilbronner Bezug nicht unbeträchtlich ist, und Frankfurt 1887 ein ähnlich grosses Quantum, wie Heilbronn (1X 306 D.Ztr.) zu Schiff erhalten hat. Mannheim lieferte 1887 per Eisenbahn nach Württemberg 13280 D.Ztr. Zucker (ausserdem 6543 D.Ztr. Kaffee und Kakao, 5345 D.Ztr. Reis und Reismehl, 3475 D.Ztr. Stärke), für die andern bieher gehörigen Artikel ist die Entwicklung der Frankfurter Verkehrs in Folge der Eröffnung des Schleppschiffahrtsbetriebs von Bedeutung: der dortige Kaffeebezug betrug 1887 41376 D.Ztr. (der Bahnbezug 21750 D.Ztr.; der mehrfach erwähnte Bericht von Puls sagt hierüber:

„Die Leistungsfähigkeit der neuen Wasserstrasse tritt überraschend auch bei den hochwertigen Artikeln hervor, von denen früher allgemein geglaubt wurde, dass sie der prompten und schnellen Lieferung wegen auf den Eisenbahnweg angewiesen seien. Es ist dies namentlich der Fall mit Kaffee, dessen Bezug zu Wasser um 279°, gestiegen, und dessen Bahnverkehr um 11,₄° „ gefallen ist, während der Gesamtverkehr sich um 26048 D.Ztr. gehoben hat.

Der Wasserverkehr von 41376 D.Ztr. Kaffee an Berg übersteigt deshalb noch die von uns in den früheren Denkschriften berechnete Menge. Die Eisenbahnfracht für Kaffee von Rotterdam hierher beträgt zu Bahn Mk. 2,02, die Schiffsfracht ca. 75 Pfg für 100 kg, während die Wasserfracht vor der Kanalisierung sich auf durchschnittlich 1,20 Pfg. stellte. Die Frachtersparnis berechnet sich demgemäss für 11349 D.Ztr., einem Quantum, das schon früher zu schiff hierher kam, zu 45 Pfg. auf Mk. 5107, und für die dem Wasserweg neu zugeführte Menge von 30027 D.Ztr. zu 1,25 Pfg. auf M. 37533. Diese Frachtermässigung wird, abgesehen von den Perioden heftiger Schwankungen, welchen der Artikel Kaffee unterworfen ist, bei normalen Geschäftslauf und in Verbindung mit dem durch die Kanalisierung ermöglichten rascheren Bezug dem hiesigen Grosshändler gestatten, sein Absatzgebiet nach Süden und Osten, Hessen, Bayern und Österreich zu erweitern, und dessen Ländern ihren Bedarf ebenso billig, wie die Konkurrenz zuzuführen. Gerade beim Kolonialwarenhandel zeigt sich deutlich, welche Vorteile dem Handel und der Konsumtion durch die Unzulänglichkeit der Wasserstrassen zugefügt werden. Vor der Kanalisierung musste bei Bezug mit Schleppboot vom Tage der Verladungs-Instruktion bis zum Empfang der Ware auf 4 Wochen gerechnet werden, und konnte für den regulären Bezug demzufolge

zur Verladung mit Bahn oder mit Dampfboot bis Mainz oder Biebrich, und von da mit Bahn vorgeschrieben werden.

Die Mainkanalisierung hat nun nicht allein eine Frachtpreisermässigung bewirkt, welche dem Handel einen gleichen Frachtvorteil wie Mannheim verschafft, sondern sie wird auch bewirken, dass Schiffahrts-Gesellschaften häufige und regelmässige Fahrten zwischen Holland und Frankfurt einführen. Frankfurt wird dann ebenso rasch und billig bedient, und ferner wird das Manco vermieden werden, welches bei eventuellen Umladungen unvermeidlich eintritt. Auch von unserem deutschen Kaffeemarkt in Hamburg sind grössere Partieen von Kaffee über Rotterdam zu Wasser bezogen worden. Sollte überdies die Kette nach dem Obermain ausgedehnt, oder wenigstens auf der Strecke bis Bamberg ein regelmässiger Schleppdienst eingerichtet werden, so würden für dieses bedeutende Absatzgebiet Frankfurt weitere Vorteile geboten werden. Wie gross die Bedeutung des Frankfurter Kaffeehandels in Zukunft werden wird, ergiebt sich bereits aus der oben bezeichneten Steigerung des Gesamtverkehrs, trotzdem infolge der Konjunktur in den Monaten Juni bis September 1887 überhaupt ganz aussergewöhnlich kleine Quantitäten bezogen worden, und vom Oktober ab der Wasserstand so ungünstig war, dass in Verbindung mit den Hemmnissen am Ringerlock der Bezug zu Wasser unmöglich wurde."

2. Salz.

In den früheren Jahrzehnten bildete Salz für die Neckarschiffahrt einen nicht unwichtigen Transport-Artikel; noch in den 50 ger Jahren kamen in dem Freihafen zu Cannstatt abwechselnd 7—12 000 Ztr. Salz an. Von sachverständiger Seite jedoch wurde uns versichert, dass die Salzhandlungen für Kochsalz auch in Zukunft den Eisenbahn-Bezug vorziehen werden: einmal hätten dieselben keine grossen Lagerräume, und dann würde Kochsalz bei der Bahn-Fracht, weil es gewöhnlich in 200zentriger Wagenladung und zu einem niedrigen Ausnahmetarif bezogen werde, billiger und zudem rascher angeführt. Auf belangreichere Lieferungen von Steinsalz könne der Schleppdienst nicht rechnen, weil es in seinen Betriebsgebieten an Fabriken mit grösserem Konsum fehle, und weil bei der grossen Entfernung von den Kohlenbecken auch eine etwaige Neuanlage von Fabriken nicht in Aussicht zu nehmen sei.

3. Eisen und Eisenwaren.

Waggonfracht ab Mannheim nach Spezialtarif III Mk. 50.;
(Voraussichtliche Bezugsmenge ca. 40 000 D.Ctr.)

Über die Bedeutung der Eisenartikel für den Wasserbezug gehen die Anschauungen der Interessenten auseinander. Nach der einen Ansicht wäre nur Roheisen in Rechnung zu nehmen, das auf längeren Termin verkauft zu werden pflegt, nach der andern auch noch schmiedeiserne Röhren von den Düsseldorfer Röhrenwalzwerken, sowie Bleche (z. B. Riffel-Bleche, gerippte Bleche zum Bodenbelag), — obgleich solche nicht über Mannheim, sondern über Maxau oder, wie die Siegener Bleche, über Frankfurt und zwar immer in direkter Bahnladung gehen. Beschädigung durch Nässe, Be-

regnen etc. nicht vertragen — ,je nach Konjunktur, individueller Gewohnheit und Vorliebe"[1]. Jedenfalls eignen sich nicht Weissbleche für die Wasserstrasse, weil solche zu diffizil sind, und von Neuwied uns immer direkt pr. Bahn in Wagenladung hieher gehen; ebensowenig das (anfangs in Aussicht genommene) Stab- und Fasson-Eisen, da solches grösstenteils aus der Saargegend bezogen wird. Der kleinere Teil der aus Westphalen kommenden Eisenwaren würde, der raschen Beförderung wegen, auch ferner pr. Bahn bezogen werden, und zwar umsomehr, als dieselben durch die neuere Einführung einer zweiten Stückgutklasse, wenigstens für einen Teil der Strecke, günstiger als früher tarifiert sind. Ohnehin sind bei diesen Bezügen immer einige Partien, bezw. Collis, welche eilen, und für welche schon die Wasserverfrachtung bis Mannheim seitens der Spediteure gleichsam „per nefas" geschieht.

Hienach dürften die Eisenhandlungen zur Unterhaltung des Wasserverkehrs weniger beitragen, wohl aber die verschiedenen Fabriken in Cannstatt, Berg und Stuttgart, wie G. Kuhn, Hildt & Metzger, M. Müller, E. Klotz, A. Stotz, Gebr. Alb. u. s. w. Dieselben beziehen derzeit jährlich an Roh- und Walzeisen mindestens 180 000 D.Ztr. (die Berger Firma allein an Giesserei-Roh-Eisen, Röhren, Eisen- und Stahlblechen mindestens 50 000 D.Ztr.). Hievon fiele jedoch nur ein Bruchteil dem Wasserweg zu. Denn von der Hütte Wetzlar-Giessen, bezw. Öttingen-Rümelingen müsste das Eisen pr. Bahn nach dem Hafen geführt werden, wäre also ein zweimaliges Umladen mehr als beim direkten Bahnversand nötig. Noch grössere Übelstände betreffs der Umladung ergeben sich für den Bezug von Schmiedeisen. Jedenfalls dürften aber 10 000 D.Ztr., als nicht zu hoch gegriffen erscheinen, namentlich wenn man den Bahnversand Mannheims und den Schiffs-Empfang Heilbronns und Frankfurts, die keinen so umfangreichen Eisenkonsum wie Stuttgart-Cannstatt haben, sowie die weiterfolgenden Gesichtspunkte ins Auge fasst.

Von Mannheim nämlich verfrachtete die Eisenbahn im Jahre 1887 laut der amtlichen „Statistik der Güterbewegung auf deutschen Eisenbahnen" S. 335 ff. nach Württemberg an Eisen roh 47 240 D.Ztr., Stab- und Fassoneisen 24 235; Eisenbahnschienen 32 935; eisernen Eisenbahnschwellen 12 075; eisernen Achsen 1810; Dampfkesseln 7310; eisernen Röhren 6750; Eisen- und Stahldraht 890; Eisen- und Stahlwaren 2425; Zink 6080 und Blei 2230 D.Ztr.

---

[1] Die Bezüge der Stadt Stuttgart an Gussröhren samt Zubehörden mögen jährlich 2000 D.Ctr. betragen. Diese werden teilweise von Wasseralfingen und Pforzheim her gedeckt, so dass auf den Wasserbezug nur durchschnittlich 1000 D.Ctr. entfielen.

Im Jahr 1887 bezog Heilbronn
von Mannheim
in D.Ztr.
Blei 4321
Eisenwaren . . . 2978
Zink und Zinkblech . 1436
Stahl 634
Weissblech . . . 530
Erze 120

Frankfurt bezog 1887:
Eisen, verarbeitet 7078 D.Ztr.
Maschinen   1370   „
und versandte
Eisen   1637   „
und Maschinen   3400   „

Puls bemerkt hiezu in seinem Rückblick S. 25:
„Von Roheisen haben 1070 Tonnen von Duisburg nach dem Main die Schleuse Kostheim passiert; zum grössten Teil wird der Frankfurter Bedarf jedoch noch ab Gustavsburg mit Bahn bezogen, weil die Lieferanten hier noch keine Lager halten.

Die Wasserstrasse wurde ferner Initiiert für den Transport von Stahl für Maschinenfabriken, Metallen aller Art, als Zink, Kupfer, Zinn, Blei in grösseren und kleineren Mengen. Während für diese Erzeugnisse die Wasserstrasse, sobald es sich um Verfrachtungen von und nach Rotterdam handelte, und die Schiffahrt im Rhein zuverlässig war, gern benützt wurde, stehen den Verfrachtungen vom Niederrhein noch mehr Hindernisse entgegen, da der Verkehr zwischen den grösseren Städten am Niederrhein der Regelmässigkeit und Sicherheit entbehrt, so dass noch oft Verspätungen eintreten. Überdies beziehen die Frankfurter Eisenhändler nicht nur von niederrheinisch-westfälischen Produktions-Orten, sondern auch von der Saar, aus dem Siegerlande, Lothringen etc., und so können selbst für grosse Händler nicht leicht Schiffsladungen komplettiert werden. Letzteres wäre nun auch noch nicht nötig, denn sobald ein geregelter Güterschiffs-Verkehr bestande, was im laufenden Jahr der Fall sein wird, begnügt sich jeder Frachtschiffer gerne mit einigen 1000 Zentnern Eisen, wenn er im übrigen Beladung durch Kolonial- und andere Waren hat. Es wäre also Aufgabe des Spediteurs, für entsprechende Frachtzusammenstellungen zu sorgen.

Velocipede von England über Rotterdam werden nur noch mit Bahn bezogen, weil die Boote die sperrigen Velocipede-Verschläge nicht gerne aufnehmen, auch nicht vorsichtig genug behandeln. Wenn direkte Frachtboote von Rotterdam nach Frankfurt a. M. allwöchentlich gehen würden, und die vorstehenden Mängel wegfielen, dann würden der Wasserstrasse grössere Frachten auch in diesen Artikeln zufallen."

Sodann äusserten sich einige Firmen speziell zu der unsererseits gestellten Frage, ob es nützlich und notwendig wäre, dass etwa die Hütten grössere Lager an Roheisen in Cannstatt, bezw. Esslingen errichteten, folgendermassen: „Dass für Roheisen Lager in Cannstatt, bezw. Esslingen errichtet werden, scheint kaum wahrscheinlich; der Artikel erträgt absolut keine Nebenspesen. Es läge weder im Interesse der Hütten, noch der Konsumenten, an drittem Ort Lager zu halten, da in diesem speziellen Falle Producent wie Konsument fast durchweg über genügenden Raum zu verfügen haben, also, wenn erwünscht, spesenfrei selbst lagern können. Für Mannheim, das solche Lager besitzt, liegt die Sache anders. Denn auf dem Rheine sind wesentliche Fracht-Vorteile häufig zu erreichen, wenn grosse Schiffe von einer Hütte voll zu beladen sind; zu diesem Behufe ist also ein Plus sehr billig mit zu laden, ausserdem ist von Mannheim nach allen Seiten Absatz an kleinere Giessereien, die wohl auch bessere Preise bezahlen, während in unserem Rayon nur grössere Konsumenten von Roheisen sich befinden."

„Wenn also die Lagerung an dem Hafenplatz nicht als zweckmässig erscheint, so glaube ich dagegen, dass der Wasserbezug sich entwickeln wird, sofern eine wesentliche Ersparnis in der Fracht zu Tage tritt. Die Notwendigkeit der zweimaligen Umladung dürfte weniger bedenklich erscheinen, denn der Artikel leidet darunter nicht. Es wäre eben Sache des von der Wasserstrasse abliegenden Produzenten, die ihm entstehenden Mehrkosten auszugleichen, dem Konsumenten können letztere gleichgiltig sein. Die Hauptsache bei dem ganzen Projekt ist eben die Umlade- und Beifuhrgebühr beim Weiterversand und beim Bezug hieher".

Weiter führt eine andere befragte Firma aus: „Einzelne Giessereien haben noch Vorliebe für Schottische Roheisen-Marken (zum Mischen); doch tritt wohl immer mehr und mehr das Bessere von den deutschen Fabrikaten an die Stelle, welche dann auch wieder je nach Lage der Produktionsstätte den Wasserweg zum Teil benützen könnten und würden. Für die Kesselbleche wird wohl selten der Wasserweg gewühlt werden, weil er zu viel Zeit beansprucht. Dieser Artikel ist seit Jahren so im Preise gedrückt, dass er keinen Zwischenhandel erlaubt. Die Kesselfabriken kaufen ihren Bedarf fast durchweg direkt ein. Durch Errichtung des deutschen Walzwerkverbands wird wohl auch eine Verschiebung zwischen Nord und Süd für einzelne Artikel eintreten, was noch nicht beurteilt werden kann. Dasselbe tritt schon jetzt deutlicher für Stabeisen zu Tage, worin bisher nur ausnahmsweise grössere Bezüge auf dem Rhein in hiesiger Gegend gemacht worden sind, weil die Umladung in Mannheim zu teuer gekommen ist. Gerade die Frage des Umladens wird ja auch für die hauptsächlich bei der Zusammenstellung in Betracht kommenden Massenartikel der Eisenbranche eine Rolle spielen. Man müsste eben z. B. Kohlen, Roheisen, auch eventuell Stabeisen und Bleche ohne Umladung aus den Rheinhäfen direkt bis Cannstatt–Esslingen bringen können. Voraussichtlich werden dann Magazine, Lagerhäuser etc. von selbst am Neckar entstehen wegen eines Bedürfnisses, dem sich wohl auch die Eisenbahn bezüglich passender Anschlüsse wird anbequemen müssen. Bei Zeiten geeignete Ländereien am Neckar freizuhalten, wird sich empfehlen".

4) **Andere Güter.**

Von weiteren für den Wasserbezug in's Gewicht fallenden Produkten und Rohmaterialien endlich wurden auf unsere Umfrage in Aussicht gestellt: Cement (von Mannheim) 10000 D.Ctr. künstliche Düngemittel (ca. 20000 D.Ctr.); Häute und Gerbstoffe (für den Wasserbezug fiele nur etwa 1/10 des bisher per Bahn gelieferten Quantums ab); einige Bezüge an Wolle und Baumwolle (für diese Rohstoffe wäre der Wasserbezug erst dann praktikabel, wenn die Verladung als Seehafen erstellbar wäre; von Baumwolle kommt der weitaus grösste Teil über Bremen, einiges über Venedig und nur kleine Quantitäten über Antwerpen oder Rotterdam). Nicht zu vergessen wären schliesslich die Anlieferungen von Hopfen, Gemüse, Kartoffeln etc. mit ca. 10000 D.Ctr.

Einige Anhaltspunkte über den Umfang, den dieser Güterverkehr gewinnen kann, findet man in dem Verkehr unserer Nachbarstädte Heilbronn, Mannheim und Frankfurt. Von Mannheim z. B. lieferte die Eisenbahn (nach der amtlichen „Statistik der Güterbewegung auf deutschen Eisenbahnen", Bd. 34 S. 335) im Jahre 1887 nach Württemberg u. a. an Düngemitteln ca. 30380 D.Ctr., Cement 60970, Häuten, Fellen 6550, Wolle 15740, Baumwolle 53665, Obst, Gemüse, Pflanzen 5295, Mais, Hülsenfrüchten 68160, Mehl 25870 D.Ctr.; ausserdem aber noch weiter an Erde, Kies, Mergel 11830 D.Ctr., Steinen 5610, Nutz- und Werkholz 4885, Lumpen 4000, Theer, Pech, Asphalt 29615, Chemikalien 12730, Farbehölzern 17225, Salz- und Salpetersäure 2045, Schwefelsäure 3055, Soda 4000, Wein 5030, Spiritus, Branntwein, Essig 5010 D.Ctr.; durchweg Artikel, von denen ein grosser Teil dem Wassertransport voraussichtlich zufallen würde.

Im Jahre 1887 bezog Heilbronn (allein, ohne die andern abwärts gelegenen Neckarorte),

	von Rotterdam	Mannheim
		in D.Ctrn.
Harz	17026	2362
Häute	1802	101
Därme	815	312
Kartoffelmehl	—	1525
Hülsenfrüchte	419	194
Mais	612	304
Kokosgarn	631	
Baumwollgarn	—	181
Jutesäcke	—	330

Interessant sind die Mitteilungen über die Erfahrungen in Frankfurt seit der Eröffnung der Schleppschiffahrt im Jahr 1886. Darnach wurden dort z. B. an Theer 2610 D.Ctr., an Häuten, Fellen und Leder 3949 D.Ctr. bezogen. Puls bemerkt hiezu und zwar bezüglich des ersteren Artikels:

„Die Kelterei, welche Theer aus Rotterdam bezieht, hat alle Ursache, die Rheinkanalisierung hochwillkommen zu heissen. Die Differenz zwischen Schiffs- und Bahnfracht ist eine unverhältnismässig grosse. Es kosten ab Rotterdam 100 kg in Schiffsfracht Mk. 0,95, in Bahnfracht Mk. 4,16; Teilsendungen in Waggonladung billiger". — „Für Häute, Felle und Leder, deren Versand und Bezug naturgemäss eine möglichst kurze Lieferzeit erheischt, konnte sich, solange regelmässige, auf einen bestimmten Tag abfahrende und an festgesetzten Termin ankommende Schiffsgelegenheiten hier noch fehlten, ein mehr ausgedehnter Wasserverkehr nicht entwickeln. Die Dampferverbindungen, welche jetzt mit Holland und Antwerpen in einem geordneten und ganz gezogenen Dienst gestellt werden, dürften schon in diesem Jahr Veranlassung geben, auch diese Artikel mehr als seither auf dem Wasserweg zu verweisen, da dieselbe eine wesentliche Frachtersparnis bedingt, und die Beförderung unter Umständen die des Bahntransports noch an Schnelligkeit übertreffen könnte.

Für den Bezug von Häuten und Fellen aus Russland, der in grossen Quantitäten stattfindet, mangeln regelmässige Dampferverbindungen von den russischen Ostseehäfen nach Antwerpen oder Holland, um dann rhein- und mainaufwärts weiter den Wasserweg benützen zu können. Es würden dadurch gegen den Bezug mit der Bahn wesentliche Ersparungen an Fracht erreicht.

Die Kanalisierung der Mosel, für welche viele wirtschaftliche Gesichtspunkte lebhaft sprechen, würde namentlich in Sattelleder grösseren Partieen von der Saargegend und Luxemburg wieder auf dem Wasserweg nach hier führen, wie derselbe früher vor Erbauung der Moselbahn allgemein für diesen Artikel benützt worden ist" —

„Tabak, der in Canastati noch 1851/54 abwechselnd an 9—16300 D.Ctr. angeführt wurde, wurde 1887 in Frankfurt nur mit 3540 D.Ctr. zu Schiff bezogen, da besonders bei diesem Artikel rascher Bezug das Hauptkriterium ist, denn die ganzen Ernten von Sumatra und Java werden in wenigen Einschreibungen verkauft, und es ist eine Hauptbedingung, dass die gekauften Tabake unschnellgleichst auf den Markt gebracht werden. Auch lassen verschiedene hiesige Firmen ihre Tabake zum grössten Teil in Holland lagern, um je nach Bedarf vom holländischen Lager abzuberufen, und geben diese Sendungen dann meistens auch anderen Richtungen." —

„Der weitaus grösste Teil des von der Baumwollspinnerei Lenzgesäss Rohstoffes — es wurden nur 397 Tonnen Baumwolle über hier auf dem Wasser bezogen — geht noch auf dem Rhein bis Gustavsburg und wird von dort mit Bahn nach Oberursel verfrachtet. Massgebende Gründe für diese Transporte sind billigere Platzspesen in Gustavsburg, und ein sehr billiger direkter Frachtsatz von Gustavsburg bis Oberursel, während solcher von hier ab verhältnismässig zu hoch ist."

Eine Ermässigung der direkten Wassertarife von Rotterdam bis hier, und eine Herabsetzung der Lokalfrachten vom Hafen nach dem Centralbahnhof wird auch diese Transporte auf den Wasserweg verweisen.

Wolle wird aus Australien, Südamerika oder Südafrika über London-Rotterdam bezogen. Die Wasserstrasse ist nur für einen kleinen Teil der zu beziehenden Ware benützt worden. Der Frachtunterschied für Bezüge von Wolle zu Wasser von Rotterdam nach Frankfurt stellte sich ungefähr um 60 Pfg. für 100 kg billiger als mit der Eisenbahn.

„Polsterartikel werden der niedrigeren Fracht halber in neuester Zeit mehr auf dem Wasser bezogen; regelmässige Schiffsgelegenheit, und pünktliches Einhalten der Fahrten wird auch diese Güter an den Vorteilen der Wasserstrasse mehr teilnehmen lassen."

„Auch an Strickwolle wurden 500 D.Ctr. zu Wasser bezogen zum Frachtsatz von Mk. 1,30 für 100 kg, während für Bahnfracht früher Mk. 2,40 zu zahlen waren."

„Haare, Garne etc. wurden ebenfalls schon vielfach zu Wasser bezogen. Die erzielte Frachtersparnisse ist häufig im

Verhältnis zu dem Wert des Artikels zu klein, um Frankfurt einen Vorzug für dessen Absatz gegenüber den konkurrierenden Plätzen zu sichern."

„Auch Manufakturwaren verschiedener Art wurden vom Niederrhein, von Elberfeld, Gladbach, Mülheim, Düsseldorf, Rheydt u. a. Städten auf dem Wasserweg beigeführt. Grosse Sendungen, so wird berichtet, trafen auf diesem Wege meistens auch rasch ein."

B. Thalfracht.

Viel ungünstiger als mit der Bergfracht steht es mit der Thalfracht. Anderwärts konnten vermittelst der Einrichtung einer neuen Wasserstrasse Rohmaterialien, Bodenprodukte, Naturgaben, wie Erze, Steine, Hölzer, billige Kohlen, Düngemittel, welche bis dahin unverwertet lagerten, und erst infolge der billigeren Beförderung an Wert gewannen, zu Handelswaren erhoben werden. Unseren Thalorten aber fehlen solche minderwertige für den bequemeren und billigeren Schiffstransport besonders geeignete Massengüter. Die Thalfracht (nicht die technische Ausführbarkeit, wie die Anwohner der Neckarorte glauben) bildet den wunden Punkt des Projekts.

Allerdings wird das unumgänglich notwendige Frachtquantum von mindestens ⅓ Mill. D.Ctr. in der von Regierungsbaumeister Klett vor 9 Jahren herausgegebenen Broschüre (S. 15) herausgerechnet, aber auf folgende Weise: „Bis vor 30 Jahren betrug der Thalverkehr ab Cannstatt in Brettern 100 000 bis 270 000 Ctr., in sonstigen Gegenständen 40 000 bis 100 000 Ctr. Nun ist von der billigen Thalfracht zu erwarten, dass sie den Bretterhandel wieder Cannstatt zuführen werde, also darin ein Verkehr von 400 000 Ctr. in Aussicht zu nehmen. Ferner seien seitdem viele Fabriken entstanden, und habe sich die Einwohnerzahl von Stuttgart und Cannstatt verdreifacht, demgemäss könne man an sonstigen Gegenständen statt der früheren 50 000 Ctr. deren 500 000 Ctr. einsetzen, nämlich für Fabrikate 300 000 Ctr. und für landwirtschaftliche Produkte (Getreide, Haber, Obst etc.) 200 000 Ctr."

Augenscheinlich ist diese Gruppierung so wenig fundiert, dass schon aus ihr allein die Verlegenheit, eine rentierende Thalfracht zu gewinnen, erhellt. Zweifelsohne werden zwar, angesichts des starken Bedarfs allein der Stuttgarter Möbelfirmen und des reichlichen Angebots vom Schwarwald und den Fildern, auswärtige Holzhandelsfirmen sich veranlasst sehen, auch in Cannstatt, wie sie anderwärts gethan, Filialen und Holzlager zu errichten. Aber jedenfalls liegt ein Versand von 40 000 Ctr. in zu ferner Zukunft. In Weichholz haben Mannheim und Heilbronn den Bretterhandel so fest in der Hand, dass es jahrelanger Arbeit bedürfen wird, bis in Cannstatt Filialen und Lager von Engros-Handlungen, sowie Sägmühlen wieder errichtet werden, und damit auch nur ein Teil der verlorenen 100 000 Ctr. wieder nach Cannstatt zurückerlangt wird.

Ebenso unbegründet erscheint die Unterstellung von 300 000 Ctr. an Fabrikaten, Waren. Handelsgütern. Wohl ist die Fabrikthätigkeit und Bevölkerungsziffer von Cannstatt und Stuttgart gewachsen, aber ebenso hat sich einerseits der Eisenbahnverkehr räumlich und intensiv (durch das Sammelsystem, Ausnahmetarife etc.) weiter gebildet, andererseits die hastige Betriebsweise gesteigert. Wesentlich in Betracht können an Fabrikaten nur die Bauartikel (Ziegel, Backsteine etc.) kommen; unsere Enquête hat denn auch nur zum zehnten (!) Teil die Wahrscheinlichkeitsziffer von 300 000 Ctr. ergeben! Die Rentabilität der Schiffahrt auf dem untern Neckar beruht hauptsächlich auf dem thalabwärts gehenden Salzversand. 1896 hatte Heilbronn an Thalfracht zu Wasser befördert:

Güter . . . . . . 172 176 D.Ctr.
Bretter . . . . . 194 607 „
 „   . . . . 366 788 D.Ctr.
Dazu Versand von Salz[1] (nach dem Jahres-Bericht an die General-Versammlung pro 1896)
Heilbronn ca. . . 985 740 D.Ctr.
Neckarsulm . . . 2 120 „
Jaxtfeld . . . . 82 240 „
Wimpfen . . . . 48 250 „
aus. 1 048 350 D.Ctr.
1 455 133 D.Ctr.

Im einzelnen hat unsere Enquête nur auf folgende Massengüter für die Thalfracht Aussicht gegeben:

1) Mehl, Kleie und Ölkuchen . 25 000 D.Ctr.
2) Baugewerbe-Artikel
 a) Ziegel und Backsteine von den Ziegeleien in Gablenberg, Berg (3000), Neckarweihingen (10 000) etc. . . . 15 000 „
 b) Gyps von Cannstatt u. Unterturkheim (Gypsdiehlen von Ludwigsburg?) (die Fabrik der Stuttgarter Gypsgesellschaft in Asperg ist von Neckarweihingen zu weit entfernt) . . . . 8 000 „
 c) Mühlwerk- und Hausteine, Kalksteine . . . . . . 25 000 „
 d) Bau-Ornamente, Eisenkonstruktionen, Baubeschläge, Zinkarbeiten von Stuttgart und Cannstatt . . . . . 5 000 „

[1] Es ist dies das gleiche Quantum, welches der Heilbronner Versand — ausser Salz und Brettern — durchschnittlich erreicht.

3) Zuckerrüben und Cichorien-
   wurzel nach Heilbronn . . . 5000 D.Ctr.
4) Latrinendünger von Stuttgart
   an die Neckarorte . . . . . 1500 „
                                                                   101500 D.Ctr.

Zu diesen nachweisbaren Massengütern kämen unter den
unten noch darzulegenden
Voraussetzungen
5) an Bau- und Nutzholz . 50000 D.Ctr.
6) an anderen Waaren und
   Fabrikaten, die nicht an eine
   zu kurze Lieferfrist gebunden
   sind, wenigstens . . . . . 25000 „
                                               zus. 176500 D.Ctr.

Aber auch der letztere Gesamtzuwachs von ca. 75000 D.Ctr. ergäbe kaum die unumgänglich notwendige Frachtmenge (welche mindestens 250000 D.Ctr. erreichen sollte). Dazu kommt, dass auch gegenüber den verhältnismässig noch nieder gegriffenen Quantitäten weiter zu berücksichtigen ist, dass sie zum einen Teil nicht durch die ganze Strecke geführt werden, zum andern Teil, nicht in Posten von 2—3000 Ctr., wie sie der Schiffer braucht, also in ganzen Schiff-ladungen, zu Gebote stehen.

Was die einzelnen Nachweise anbelangt, so haben ad 1 (Mehl, Kleie und Ölkuchen) von den sieben Kunstmühlen, Besigheim, Grossingersheim, Neckarrems, Neckargröningen, Mühlhausen, Cannstatt und Berg an Mehl und Kleie für den Absatz in die Pfalz und nach Hessen in Aussicht gestellt: die eine 5000, eine andere 2000, eine dritte 1000 D.Ctr. u. s. w. Nimmt man noch Ölkuchen dazu, so wird eine Versandziffer von 15000 D.Ctr. nicht zu hoch gegriffen sein. Die Heilbronner Mühlen allein verschifften 1887 an Speiseöl 5151 D.Ctr., Rüböl 423, Ölkuchen 1391, Mühlenfabrikaten 1168, Getreide 578, Hülsenfrüchten 518 D.Ctr.; eine gleich hohe Ziffer ergab der Versand von Kartoffeln, der 17 573 D.Ctr. erreichte.

Ad 2. a) Ziegel und Bausteine. Dieser Artikel bildet für die Frankfurter Thalfracht einen Hauptposten. Im Jahre 1887 wurden von da zu Schiff an Erde, Lehm, Sand 24 361 D.Ctr. versandt, und an Mauersteinen und Fliesen um Thon, Dachziegeln und Thonröhren 464350 (Gesamt-Empfang 988 570) D.Ctr. vom Main aufwärts empfangen.

b) Allein an Kalksteinen (für die chemische Fabrikation) könnten unter Umständen, wie wir uns überzeugt haben, mehrere hunderttausend D.Ctr. neckarabwärts verfrachtet werden.

Für die frühere Cannstatter Neckarschiffahrt bildeten Bau- und Mühlenwerksteine von Nürtingen und Neckarthailfingen — deren Verwertbarkeit geht aus ihrer Verwendung am Kölner Dom, in Hohenschwangau und in Petersburg hervor — einen Hauptartikel. Noch 1851—54 z. B. belief sich ihre Menge — je nach der wechselnden Nachfrage — bei einer Gesamtablieferung von 212—219000 Ctr. auf 30000 Ctr. im Jahre 1851, auf 61000 Ctr. im Jahre 1854 (Württ. Jahrb. 1854. S. 108.). Von Heilbronn giengen im Jahre 1887 15944 D.Ctr. Steine (roh und bearbeitet) ab.

Ad 3. An Zuckerrüben wären, nachdem die Heilbronner Zuckerfabrik sich durch Neuanlagen (Drahtseilbahnen) ausschliesslich auf den Bezug per Bahn eingerichtet hat, von den Orten neckaraufwärts weniger, als man sonst einzusetzen geneigt ist, nämlich etwa nur 5000 D.Ctr. (welche sich hauptsächlich aus einem Bruchteil der Besigheimer Anlieferungen zusammensetzen würden) in Anrechnung zu bringen. Die Lieferungen von Marbach und Pleidelsheim (ca. 25000 D.Ctr.) nämlich fallen ausserhalb des Rahmens, da seit Eröffnung der Linie Marbach—Beihingen der Eisenbahntransport um 50 % niederer kommt, als die bisher bezahlte Schiffsfracht. Lauffen und Bietigheim (mit einer Anlieferung von 30000 D.Ctr.) sind zu nahe bei Heilbronn, als dass sich die Verladung auf das Schiff lohnte.

Ad 4. An Latrinendünger wird aus der Stadt Stuttgart per Jahr bezogen von Landwirten in:
Mühlhausen a. N. per Bahn bis Station
   Kornwestheim (Fracht für 9 cbm
   à 9 Mk.) . . . . 250 cbm
   per Achse von den Proggruben
   aus . . . . ca. 250 „
Aldingen und Umgegend per Achse
   von den Proggruben aus . . ca. 400 „
Öffingen seither von Station Fellbach
   aus (Fracht für 9 cbm 9 Mk.)
   ca. 2000 cbm, hievon auf die Güter
   bei Aldingen die Hälfte mit . . 1000 „
                                                  1900 cbm

Diese 1900 cbm kommen wegen des mehrmaligen Verladens wohl nicht in Betracht, wohl aber die Lieferung nach
Besigheim und Umgegend (Bahnfracht
   für 9 cbm 15 Mk.) . . . . ca. 650 cbm
Lauffen und Umgegend (Bahnfracht
   für 9 cbm 15 Mk.) . . . . ca. 400 „
Nordheim und Umgegend (Bahnfracht
   für 9 cbm 19 Mk.) . . . . ca. 160 „
                                                  1210 cbm

Sodann haben weiter die Absicht, in nächster Zeit Stuttgarter Latrinendünger zu beziehen: Landwirte in Marbach und Umgegend, sowie Landwirte

in Gro»singersheim und Pleidelsheim; es
dürfen daher weiter in Rechnung genommen werden jährlich . . . . ca. 640 „
(per cbm = 10 D.Ctr.) zusammen
1850 cbm. = 18500 D.Ctr.

Wesentlich in Betracht käme jedoch bei Verfrachtung von Latrinendünger auf dem Wasserweg, dass sich die Kosten der Abfuhr der Fäkalien von hiesiger Stadt an den Einladeplatz in Cannstatt in Folge der grösseren Wegstrecke gegenüber dem äusseren Güterbahnhof erheblich erhöhen würden, und dass das Ein- und Ausladen, sowie der Transport besondere Vorkehrungen erfordern würden. Ein Anfangs der 70er Jahre gemachter Versuch, Latrinendünger auf dem Neckar durch einen Kahn zu verfrachten, wurde von Bewohnern der Uferstrecken wegen angeblicher Belästigung und Gesundheitsgefährlichkeit mit Erfolg angefochten und polizeilich eingestellt.

Ferner würde dieser Beförderungsdienst mehr auf die Ausführung von Lokalzügen beschränkt und vielleicht die unrentable Herstellung besonderer Schiffe verlangen. Denn der Schiffer, welcher Latrinendünger in sein Fahrzeug ladet, riskirt, dass er, nachdem diese Ladung gelöscht ist, eine Thalladung weiter flussabwärts nicht bekommt.

Ad 5. Bau- und Nutzholz. Wie sich der Holzhandel entwickeln wird, hängt, wie bei andern Hafenplätzen von den dafür getroffenen Vorrichtungen ab. In früheren Jahrzehnten war das Cannstatter Bordgeschäft sehr belangreich, es verfrachtete noch in den 50ger Jahren durchschnittlich 53—80000 D.Ctr., d. h. über die Hälfte der Gesamtabfuhr; das Heilbronner erreicht jetzt noch einige 100000 D.Ctr. Allerdings ist zur Zeit die Mannheimer Konkurrenz so mächtig, dass sogar in Heilbronn das Bordgeschäft von Jahr zu Jahr abnimmt, und sich nach Mannheim zieht, wo die Heilbronner Firmen Filialen errichtet haben. Indessen würde sich der Cannstatter Handel schon deshalb etwas anders gestalten, weil er mit Eichen- und Buchenholz zu arbeiten hätte, während in Heilbronn mehr Weichholz und mehr von den östlichen Bezirken (Mainhardter Wald u. s. w.) her zur Versendung gelangt. Vor allem aber ist die Lage Cannstatts am Fusse der Alb und des Schurwalds, in der Mitte des bayerisch-württemb. Transits, und in nächster Nähe einer der bedeutendsten Möbel- und Pianoforte-Industrien Deutschlands, so günstig, dass man mit allem Grund von der Weiterführung der Schleppschiffahrt erwarten kann, sie werde auswärtige oder ortsansässige Handelsfirmen veranlassen, in Cannstatt, als dem Mittelpunkte eines wichtigen Produktions- und Konsumtions-Gebiets, Filialen und Holzlager zu errichten; daher muss man auch hier, wie für die Kohlenfracht nicht die erste Zeit nach Eröffnung der Schiffahrt, sondern den mutmasslichen Verlauf in den nächstfolgenden Jahren und deren Durchschnitt unterstellen.

Ad 6. Andere Waren. Zuverlässige Daten kann man, zumal hier besonders die Konkurrenz mit der badischen Eisenbahn hereinspielt, nicht geben. Früher, noch in den 50ger Jahren (1851/54) gingen von Cannstatt (nach den Württ. Jahrb. von 1854 S. 107) — bei einer Gesamtabfuhr von 202—249000 Ctr. an solchen andern Gütern über 30000 Ctr. ab, darunter

Abfälle	11—19000 Ctr.
Aeicherich	6—9000 „
Eisenbahnwagen	3000 „
Leim	500—3400 „
Ölkuchen, Repskuchen . . .	6700—10800 „

Dass diese Transportmenge nicht nur erreicht, sondern noch erhöht werden wird, darauf weist z. B. der heutige Heilbronner und Frankfurter Verkehr hin. Frankfurt versandte 1887 an Handelsgütern ausser den schon erwähnten hauptsächlich u. a.:

Bier (nach Holland und den Rheinhäfen)	8199 D.Ctr.
Wein[1]	1287 „
Instrumente, Maschinen u. Maschinenteile	3400 „
Verarbeitetes Eisen aller Art . . .	1637 „
Häute, Felle, Leder, Pelzwerk . . .	3396 „
Fett und Öle	2898 „

Von Heilbronn[2] gingen im einzelnen während des Kalenderjahres 1887 nach Mannheim, Rotterdam und andern Rheinstationen — ausser den schon aufgeführten Artikeln, wie Steinen, Speiseölen, Öl-

---

[1] Über die künftige Umgestaltung des Frankfurter Weinverkehrs meint Pols:

„Der Schiffsverkehr in Wein hat sich 1887 in Ankunft und Abgang beinahe verdoppelt, während der Eisenbahnverkehr nur geringe Einbusse erlitten hat. 746 Tonnen Wein gingen meist nach der Nord- und Ostsee, 1029,8 Tonnen, meistens ausländische Rotweine, kamen mit Schleppflood über Rotterdam gut und billig hierher. Da der Weinhandel vornehmlich regelmässige, rasche Verladungs-Gelegenheit bei direkten Transport, und dann möglichstes Vermeiden von Leckage verlangt, so wird eine belangreiche Steigerung des Verkehrs zu Wasser stattfinden, sobald eine regelmässige Dampfschiffahrt die genaue Einhaltung einer möglichst kurzen Lieferfrist gestattet. Es können dann auch diejenigen Weinsendungen im Transit hierher dirigiert werden, welche jetzt durch hiesige Weinhändler von den holländischen Häfen direkt nach den süddeutschen Konsumplätzen verschickt werden, und zwar um so eher, je rascher Zolltransitlager auch für Wein im neuen Lagerhaus genehmigt werden. Auch für die Bezüge vom Rheinbessen und dem Rheingau wird der Wasserweg bei genügendem Dampferverkehr auf dem Main eine weitere Steigerung erfahren. Aus der Pfalz wird dagegen der Hahnversand immer der beliebtere bleiben, während der Wasserweg auf der Mosel vorläufig noch Umladung in Kohlenz bedingt, bis die Mosel kanalisiert sein wird."

[2] So laut der Aufstellung des Schiffahrtskonsumissariats, welche von der in den „Jahresberichten der Handels- und Gewerbekammern" pro 1887 S. 43 nach dem Etatsjahr gegebenen Zusammenstellung etwas abweicht.

kuchen, Mühlenfabrikaten, Getreide- und Hülsenfrüchten — weiter noch ab:
Soda 37845 D.Ctr., Abfälle, Dünger, Asche 8586, Essig 6652, Cichorien 4200, Harz und Pech 1259, Glyzerin 1021, Hänfe 747, Eisenwaren 680, Bleiweis 541, Zucker 532, Bleizucker 529, Mineralschmieröl 405, Papier 346, Seegras 315, Talg 308, Leim 600, Lumpen 274, Därme 272, Bleirückstände 267, Fuselöl 109, Phosphors. Kalk 74, Tabak 68, Fettlaugenmehl 66, Weinsteinsäure 733, Div. Güter 1711 D.Ctr.

Für den Cannstatter Versand lauten die Zusagen, die wir auf unsere Umfrage erhalten haben, mehr oder weniger bedingt. Selbstverständlich hängt das einzusetzende Quantum von der — jedem kaufmännischen Verkehre notwendigen — Voraussetzung seiner Regelmässigkeit, Sicherheit und Schnelligkeit ab, welche die nötigen Garantien für Einhaltung einer begrenzten Lieferzeit gibt. Wie anderwärts, z. B. gerade in Frankfurt, ist es auch hier zu Anfang der Inbetriebsstellung für den einzelnen Schiffer schwierig, mit der notwendigen Raschheit Rückfracht zu finden; ist aber einmal der Betrieb kaufmännisch organisiert, die Vereinigung zur Reihen- und Rangschiffahrt eingeführt, sowie die Errichtung gemeinsamer Befrachtungsstellen vorgenommen, so darf man insgesamt, da Heilbronn an „Handelsgütern" 170000 D.Ctr. verschifft, wohl auch von Stuttgart ein entsprechend grosses Quantum, obwohl vorerst nur der siebente Teil davon erhoben werden konnte, in Aussicht nehmen. —

2. Einrichtungs- und Betriebskosten.

An sich wäre für eine Rentabilitätsberechnung — und dieser Punkt wurde vielleicht schon an der bisherigen Darlegung vermisst — das erste, die Höhe der Einrichtungs- und Betriebskosten, sowie die Art der Aufbringung der Mittel festzustellen. Dieser Aufgabe haben wir im folgenden noch gerecht zu werden. Was nun

1. die voraussichtlichen Kosten der Anlage der Fahrstrasse anbelangt, so finden sie sich unten im Teil II eingehend zusammengestellt. Bezüglich derselben hoffen wir, dass sie gegebenenfalls vom Staate à fonds perdu übernommen werden, und weiter vom Staate für den Betrieb eine Zinsgarantie geleistet wird, vielleicht gegen Zusicherung einer Quote des Gewinnes, falls derselbe einmal eine bestimmte Höhe erreicht hat. Der Bau, und die Herstellung der Fahrstrasse wird wenigstens allgemein als eine Aufgabe des Staates erachtet (vgl. Mätzle, die Frage des Kanalbaus in Preussen 1885).

Was 2. die Einrichtungs- und Betriebskosten betrifft, so gingen wir bei Einleitung unserer Enquête davon aus, dass unter Umständen die bereits elf Jahre bestehende und bewährte Heilbronner Aktiengesellschaft der „Schleppschiffahrt auf dem Neckar" sich dafür gewinnen lassen werde, auch auf dem mittleren Neckar den Betrieb zu übernehmen. Eine Konkurrenz von zweierlei Gesellschaften auf dem Neckar wäre unmöglich, würde vielleicht auch von den Nachbarstaaten, durch deren Gebiet man fährt, nicht geduldet. Unter dieser Voraussetzung nun hätte die neuzugründende Stuttgart-Cannstatter Gesellschaft a) die Kette, b) die Schleppdampfer und c) die Garantie für die Rentabilität des Betriebs d. h. für eine sichere Frachtmenge zu übernehmen.

Bezüglich der ersten Einrichtungskosten sei zu Ziffer 2. erwähnt, dass die Heilbronner Schleppkette 1877 auf rund 591000 Mk. zu stehen kam, so dass für die obere, um $^1/_3$ kürzere Strecke des Neckars (74 km gegenüber 115 km) die Kette, zumal die Eisenpreise in dem letzten Jahrzehnt namhaft gewichen sind, sich auf nicht mehr als 300000 Mk. stellen dürfte.

An Schleppdampfern sodann dürften für die ersten Jahre des Betriebs drei genügen. Ein Dampfer kommt derzeit auf ca. 75000 Mk. zu stehen, drei wären also auf rund 230000 Mk. zu veranschlagen.

Die ersten Einrichtungskosten kann man demnach auf zusammen 530000 Mk. schätzen.

Was 3. die Kosten des Betriebs unbelangt, so beschäftigt jeder Wassertransport zweierlei Parteien oder Unternehmer, nämlich die Gesellschaft, welche den Motor oder Schlepper stellt, bezw. vermietet, und den Schiffer, welcher das Transportgefäss oder Fahrzeug — und zwar in freier Konkurrenz und auf eigene Rechnung — beschafft, unterhält und mit den zu transportierenden Gütern als Frachtunternehmer schleppen lässt, auch nach Ablieferung des Guts die Rückfracht sucht. Auf dem untern Neckar z. B. befinden sich z. Z. 7 Kettendampfer für 305 Fahrzeuge mit einem Gesamtladeraum von 29725 Tonnen im Betrieb.

Die Rente der bestehenden Aktiengesellschaft „Schleppschiffahrt auf dem Neckar" erwächst aus dem Schlepplohn, den die einzelnen Schiffer an die Gesellschaft abführen. Der Schlepplohn bezieht sich auf die Fahrt zu Berg; zu Thal wird nicht geschleppt, das Frachtschiff schwimmt frei, ohne fremde Hilfe, abwärts (höchstens in Notfällen kommt es hie und da vor, dass ein Kettendampfer einem solchen über eine schwierige Stelle hinweg hilft, indem er es an die Seite nimmt). Fragt sich nun, welchen Schlepplohn müsste die neuzugründende Gesellschaft ansetzen, um sich einen Reinertrag zu sichern, und zugleich dem Schiffer einen lohnenden Rohgewinn gewähren zu können? An sich kann man, da das Anlage- und Betriebskapital ungefähr das gleiche, wie bei der Heilbronner Gesellschaft ist, sagen: den gleichen Schlepplohn wie in Heilbronn. Für die ersten Jahre des Betriebs hatten wir bei unserer Enquête, also vor der Ermässigung des Kohlentarifs von 1888, etwa 1 Mill. D.Ctr. für die Bergfracht gefunden, welche von den Dampfern zu schleppen wäre.

I. 21

Nimmt man vorerst die 32 Pf.-Fracht der Strecke Heilbronn—Mannheim auch für die Strecke Heilbronn—Cannstatt, so würde sie sich — nach dem erfahrungsgemässen Durchschnittsverhältnis von 3:2 — verteilen:

für Schlepplohn pr. D.Ctr. ca. 18—20 Pf.
„ den Schiffer „ „ „ 12—14 „

so dass für obige Transportmenge die Gesellschaft einnähme 0,20 M. × 1 000 000 D.Ctr. = Mk. 200 000.

Die Betriebskosten der 7 Dampfer beliefen sich für die Heilbronner Schleppschiffahrt 1897 auf Mk. 193 694; für den mittleren Neckar dürfen wir ungefähr ¹/₄ weniger¹) annehmen, also für die ersten Jahre, da nur **drei** Schleppdampfer benöthigt — werden, Mk. 60 000, für später Mk. 150 000

An Amortisation wären aufzubringen: für die Kette ca. Mk. 300 000
à 5% = Mk. 15 000
für die Dampfer Mk.
230 000 à 7% = 16 100 = 31 000
Mk. 91 000 Mk. 181 100

Man hätte also für die ersten Jahre schon eine ausreichende Rein - Einnahme zu erwarten gehabt, jedenfalls aber sobald die ersten Entwicklungsphasen überwunden wären, sobald die Transportmenge, wie wir mit Grund annahmen, um ½ Mill. D.Ctr. stiege, einen Überschuss von Mk. 250 000 weniger „ 181 100 Mk. 68 900

d. h. wenn man die ebenfalls in spätern Jahren häufiger werdenden Reparaturen, Einsetzung von Reserveteilen, Einstellung weiterer Kettendampfer etc. in Rechnung zieht, immerhin eine befriedigende Verzinsung des Aktienkapitals in Aussicht stellen können, all dies, wie gesagt, vor der Ermässigung des Kohlentarifs im vorigen Jahr. Heute können

¹) Falls die Heilbronner Gesellschaft sich schliesslich doch zur Übernahme des Betriebs verstehen wird, so würden wahrscheinlich bei der Anschaffung weiterer Dampfer, jedenfalls aber an Löhnung, Palais und Generalunkosten beträchtliche Ersparnisse ermöglicht. Solche liessen sich aber weiter noch in namhafter Weise auch im Materialverbrauch vermittelst der neuen Fortschritte im Kessel- und Maschinenwesen erzielen. Trotzdem glaubten wir die Betriebskosten nur um ¼ niedriger ansetzen zu dürfen, weil auf der andern Seite andere Ausgaben verhältnissmässig grösser wären, als sie es bei der unteren Neckarkette sind. Die Betriebsstrecke nämlich ist eine kürzere, die Fahrzeit aber eine längere. Wegen des bedeutend stärkeren Gefälles ist die Inanspruchnahme der Betriebsmittel eine grössere, der erzielte Effekt ein kleinerer. Für die bezahlte Löhnung der Mannschaft wird, der Aufenthalte beim Schleusen wegen, weniger geleistet werden können. Der Aufwand für Reparaturen wird ein grösserer sein. Unter diesen Umständen müsste deshalb die Quote für Abschreibungen höher gegriffen werden.

wir allerdings, wie oben S. 8 auseinandergesetzt worden, statt 1 Mill. nur noch ca. 600 000 D.Ctr. in Ansatz bringen, müssen also im gleichen Verhältnis auch die Aussicht auf die Verzinsung herabstimmen. Trotzdem steht es mit der Rentabilität der Schleppschiffahrt nicht so schlimm, wie man bisher fast allgemein angenommen hat.

Ungünstiger steht die Sache für die andere Partei, nämlich für den Schiffer, und dies haben wir im folgenden noch näher zu veranschaulichen, hauptsächlich auch deshalb, weil von einer günstigen Lösung dieses Punktes ein befriedigender Abschluss der Verhandlungen mit der Badischen Regierung abhängt.

Zur Erleichterung des Verständnisses haben wir folgendes vorauszuschicken:

Der Rohgewinn des Schiffers liegt zwischen zwei Grenzen, nämlich der Fracht, welche er von seiner Kundschaft erhält und dem Fuhr- oder Schlepplohn, welchen er der Schiffahrtsgesellschaft für die Bergfracht zu bezahlen hat. Die eine Grenze, die Fracht, wird durch die Konkurrenz der Bahn bestimmt. Der Satz beträgt derzeit für Kohlen, Steine, Roheisen etc. 32 Pfg. pr. D.Ctr. für die Bergfracht, und 15 Pfg. pr. D.Ctr. für die Thalfracht Salz etc. Die Summe der Thal- und Bergfracht ergiebt die Gesamtfracht, welche der Schiffer für die kleine Mannheim-Heilbronn-Mannheim erhält. Nach Abzug des Schlepplohns für die Bergfahrt ergiebt sich der Rohgewinn des Schiffers.

Was von diesem Rohgewinne nach Abholnung der Hilfsmannschaft und nach Bestreitung der Kosten für Unterhaltung des Fahrzeuges und der Geräte noch verbleibt, bildet den Reingewinn des Schiffers. Beispielsweise berechnete sich nach den Erhebungen des Herrn Kettenschleppschiffahrts-Direktors Hartlung in Heilbronn in dem Betriebsjahre 1886 der Rohgewinn des Schiffers bei einer Tragfähigkeit eines Fahrzeuges s. B. von 1750 D.Ctr. folgendermassen:

Mannheim-Heilbronn-Mannheim.

Reise dung	La-	Berg-fracht		Thal-fracht		Gesamt-fracht		Schlepp-lohn		Roh-gewinn
	Tonn.	ℳ	₰	ℳ	₰	ℳ	₰	ℳ	₰	ℳ
1.	100	240	—	180	—	520	—	219	90	300	10
2.	150	340	—	180	—	520	—	249	90	380	10
3.	170	378	—	306	—	684	—	300	40	383	60
4.	180	272	—	144	—	416	—	198	90	217	10
5.	80	292	40	154	80	447	20	203	80	243	40
6.	120	442	—	234	—	676	—	254	40	421	60
7.	93	293	20	176	40	469	60	217	60	292	—
8.	72	248	—	126	—	364	—	157	60	206	40
9.	76	258	40	126	40	395	20	163	30	231	50
10.	—4	285	60	151	20	436	80	171	60	265	40
11.	105	360	40	191	80	551	20	226	80	324	40
12.	170	578	—	306	—	884	—	300	40	583	60
	1270	4215	—			6604		2632	50	3971	40

¹) Dabei dürften die gegenwärtigen Frachtsätze der Eisenbahnen nicht als feststehend zu Grunde gelegt werden. Man muss allerdings von vornherein den Gedanken an eine Konkurrenz der Schleppschiffahrt mit der übermächtigen Eisenbahn fernhalten, zumal die Verteilung und Instradierung der Transporte schon bei der Konzession geregelt werden müssen. Aber ausgeschlossen ist die Möglichkeit doch nicht, dass die konkurrenzierten Linien, falls ihnen je einmal die Schleppschiffahrt unbequem käme, doch ihre Frachtsätze herabsetzen.

durchschnittlicher Rohgewinn pro Reise je Mk. 330,55 Pfg. Ein anderes Fahrzeug von gleicher Tragfähigkeit ergab nur einen solchen von je Mk. 256,17 Pfg.

Um ein noch genaueres Bild von dem Durchschnittsverdienste eines Schiffers auf der Reise Mannheim-Heilbronn-Mannheim zu geben, zog Herr Kettenschleppschiffahrtsdirektor Hartung in Heilbronn aus den Listen der „Schleppschiffahrt auf dem Neckar" von den Jahrgängen 1886 und 1887 die Ergebnisse der Fahrten einiger Neckarschiffe aus[1]. Hiernach berechnete sich durchschnittlich der Rohgewinn des Schiffers bei einer Ladungsfähigkeit des Fahrzeugs von

	Tonnen			
	75	100	150	175
1886	Mk. (unter Weglassung d. Pfg.)			
pro Einzelreise auf	170	207	256	330
für die im Jahre durchschnittlich ausführbaren 12 Reisen auf	2047	2490	3099	3971
1887				
pro Einzelreise auf	137	196	220	256
für 12 Reisen auf	1654	2357	2650	3074[1]

Von diesen Jahresrohgewinnen kommen für Unterhalt von Schiffsmannschaft (zwei Dienstknechten, Schiff und dergleichen) und für Amortisation der Kosten des Fahrzeuges 1000—1600 Mk. In Abzug, so dass dem Schiffer, namentlich dem Eigentümer der grösseren Fahrzeuge, ein verhältnismässig ansehnlicher Reingewinn verbleibt.

Weiter aber müssen wir noch die Wichtigkeit der Thalfracht veranschaulichen. Wie für jeden regelmässigen und gleichzeitig billigen Verkehr die Frage der Retourfracht den Hauptpunkt bildet, so hängt die vorteilhafte Ausnützung des Schiffsraumes, die allein entscheidende Billigkeit des Wasserbezugs und der Verdienst für den einzelnen Neckarschiffer, der sein Fahrzeug von der Aktiengesellschaft schleppen lässt, von der Retour- und Thalfracht ab.

Beispielsweise erreichte 1886 die Thalfracht des oben erwähnten Fahrzeugs mit 175 t Ladefähigkeit Mk. 2286, die Bergfracht, nach Abzug des Schlepplohns von Mk. 2632, netto nur Mk. 1685; für andere Fahrzeuge betrug durchschnittlich bei einer Ladungs-fähigkeit Tonnen

des Fahrzeugs von 100 150
     1886 Mk. Mk.
die Thalfracht 1 138 1 832
die Netto-Bergfracht (nach Abzug des Schlepplohns) dagegen nur 1052 1267

---

[1] Bei niedrigem Wasserstande treten Ermässigungen des Schlepplohnes, und Zulagen zur Thalfracht, bei gewissen Gütern auch zur Bergfracht, ein. Dies ist in den Tabellen berücksichtigt; es kann daher vorkommen, dass bei einem und demselben Fahrzeug für gleiche Ladungen ungleiche Frachten, Schlepplohne und Rohgewinne sich finden, je nach dem Wasserstand zur Zeit der betreffenden Reise und der Ladung, welche der Schiffer zu Berg erhalten konnte. Wenn sämtlich in Mannheim nicht Ladung genug ist, so begnügen sich die Schiffer auch mit weniger, als sie, entsprechend dem Wasserstande, würden laden dürfen, nur um bald nach Heilbronn behufs Empfang von Thalladung gelangen zu können.

bei einer Ladungs-fähigkeit Tonnen
des Fahrzeugs von 100 150
     1887 Mk. Mk.
die Thalfracht 1 407 1 644
die Netto-Bergfracht dagegen nur 949 1006.

Die Zahlen beleuchten wohl zur Genüge die Bedeutung der Thalfracht. Sie ist es, welche den Neckarschiffer bestimmt, den Frachtdienst überhaupt zu versehen; für die Bergfuhr ist durch die Konkurrenz der Eisenbahn der Frachtlohn so gedrückt, dass ca. ²/₃ davon an die Aktiengesellschaft abgeführt werden müssen; ohne sichere Rechnung auf Thalfracht ist daher der Schiffer nicht in der Lage, billige Bergfrachten zu stellen, bzw. der Aktiengesellschaft einen rentierenden Schlepplohn zu entrichten.

Auf der Strecke Heilbronn—Mannheim beträgt der Verdienst des Schiffers für Kohlen-Anfuhr bei gutem Wasserstand 5—8 Pfg. pr. Ctr., bei ungünstigem Wasserstand aber schwindet der Verdienst sehr; unter Umständen hat der Schiffer sogar einen Ausfall, wofür er dann an der Thalfracht sich zu regressieren suchen muss.

Kann er sich an der Thalfracht nicht erholen, so wendet er sich der betreffenden Schleppschiffahrt oder Route nicht zu, bzw. von derselben ab, und hierdurch erleidet der Schiffahrtsbetrieb einen mehr oder minder gefährlichen Ausfall.

Der Gang der Dinge würde nun nicht der sein, dass der Schiffer nur zwischen Heilbronn und Cannstatt fahren würde, sondern er wird wohl die ganze Strecke, von Mannheim bis Cannstatt und zurück, befahren; ferner wird — wenigstens in den ersten Jahren — nicht auf dem mittleren Neckar etwa eine neue Schiffergilde, wie sie in früherer Zeit in Cannstatt bestanden hat, erstehen, sondern die Gesellschaft wird sich auf das Schiffspersonal, das auf dem untern Neckar sein Gewerbe ausübt, angewiesen sehen; das Schiffergewerbe müsste auf dem mittleren Neckar erst wieder sich einbürgern; es fehlt den Anwohnern nicht nur die Übung, sondern auch das für die Anschaffung eines Schiffes nötige Kapital.

Wie hoch beläuft sich nun der Verdienst des Schiffers bei der Weiterfahrt bis nach Cannstatt? Es beträgt die

wirkliche Länge der unteren Strecke des Neck. 115 km.
   „ „ oberen „ „ „ 74 „
Bergfr. pr. D. Ctr. „ unteren „ „ „ 32 Pf.
   „ „ oberen „ „ „ x „

Es verhält sich
$$115 : 74 = 32 : x,$$
woraus $x = 20$ Pf., oder gleich der Bergfracht auf der Strecke Heilbronn—Cannstatt, welche der Bergfracht auf der unteren Strecke Mannheim—Heilbronn entspricht.

Hiebei ist zu berücksichtigen, dass in Wirklichkeit der Schiffer nur ausnahmsweise mit der Ladung, welche er in Mannheim in sein Schiff genommen hat, bis nach Cannstatt gelangen wird, ohne unterwegs zu lichten. Der Wasserstand des Neckars wechselt sehr rasch; steigendes Wasser nützt dem auf der Fahrt befindlichen Schiffer nichts, denn er kann nichts zuladen; das fallende Wasser aber zwingt ihn zum Lichten und schädigt ihn an seiner Fracht, da der Leerraum des Lichterschiffes weitere Schlepplohnzahlung bedingt, und der Betrag für das abgelichtete Quantum an den Lichterschiffer vom Rohgewinn abgegeben werden muss.

Nach all dem dürfte der Betrieb der Schiffahrt auf dem mittleren Neckar von der Frage abhängen, ob der Schlepptarif der Kettenschiffahrt, und der Rohgewinn des Schiffers sich nicht niedriger stellen können, als auf dem untern Neckar. Ist dies überhaupt möglich?

Wir glauben dies, obgleich wir die Verteuerung in Folge der virtuellen Länge nicht übersehen, dennoch bejahen zu können. Zunächst nämlich hätte augenscheinlich die Fortsetzung der Kettenschiffahrt bis Cannstatt — immer unter der Voraussetzung, dass die Heilbronner Gesellschaft den Betrieb übernimmt —[1]) schon indirekt eine wesentliche Steigerung des Verkehrs auf dem untern Neckar, damit eine wirtschaftliche Verteilung der Generalspesen, und namentlich eine kräftigere Ausnützung der vorhandenen Kettendampfer zur Folge. Sodann gienge die Vereinbarung mit der bestehenden Gesellschaft wohl dahin, dass die neu zu bildende Gesellschaft mehr nur die Spedition in Cannstatt übernehmen, und anfänglich alle Jahre, bis man eine Durchschnittsziffer zu Grunde legen könnte, den Tarif mit der Heilbronner Gesellschaft vereinbaren würde, indem sie die direkte Zuweisung eines Fracht-Minimums anfänglich von etwa 9/4 Millionen D.Ctr. garantierte. Einer solchen direkten Überweisung aber, welche die Verdoppelung der bisherigen Transportmenge bedeutet, wird wie überall, so auch im vorliegenden Fall eine Art „Refaktie" zugestanden werden [2]).

Schon aus diesen beiden Gründen können wir mehreren uns zugegangenen Äusserungen nicht beistimmen, welche den bestehenden Schlepplohntarif für die Strecke Mannheim—Heilbronn als fix, als unabänderlich annehmen, und dann für die Selbstkosten der Strecke Heilbronn—Cannstatt nur die Differenz zwischen diesem Tarif und der Bahnfracht Mannheim—Bretten—Cannstatt übrig lassen wollen.

Dagegen spricht aber weiter noch eines der ersten, allgemein anerkannten Prinzipien des Kommunikationswesens, wonach vermöge des Gesetzes des Massenumsatzes und der Bevorzugung der Grosskonsumenten ein „Ineinanderrechnen" der Kosten stattfindet. Ob der Kettendampfer (der normal 8—10 000 Ctr., also durchschnittlich 4—6 der derzeit auf dem Neckar fahrenden Schiffe schleppen kann) wie bisher drei Fahrzeuge oder noch einige weitere, nach Cannstatt bestimmte, bis Heilbronn mitschleppt — das ist sowohl für die Mehrkosten seines speziellen Betriebs (Kohlenverbrauch, Maschinisten etc.), wie für die Generalspesen (Verwaltung etc.) nahezu unerheblich [1]).

Die Heilbronner Gesellschaft könnte also recht wohl für die weiter angehängten Cannstatter Fahrzeuge, namentlich im Hinblick auf die wirtschaftliche Ausnützung des Motors und Laderaums, einen niedrigeren Schlepplohn (bezw. billigeren Tarif) zugestehen.

Aber auch die Schiffer könnten, da die neuen, mit der Weiterführung der Schiffahrt nötigen Fahrzeuge entsprechend den derzeitigen Anforderungen rationeller gebaut würden, schon hiedurch Ersparnisse erzielen [2]). Von der früheren Betriebsweise her nämlich hat fast die Hälfte der auf dem

---

[1]) Einen Anhaltspunkt über die Selbstkosten des Schleppbetriebs giebt die Bilanz der genannten Aktiengesellschaft. Darnach wurde 1887 an Schlepplohn im ganzen eingenommen Mk. 363 226, und entfällt auf den Nutztag des Kettendampfers eine Einnahme von Mk. 200,67 gegenüber Mk. 217,93 in 1886, woraus nach den üblichen Abschreibungen ein Reingewinn von 86 676 Mk., oder 6%, Dividende an die Aktionäre verteilt werden kunnte.

[2]) Refaktien sind zwar die Heilbronner Gesellschaft vermöge des Konzessionsurkunde und der Staatsverträge von 1877 nicht gestattet § 6 und 7 derselben bestimmen, dass die Tarifsätze den württembergischen, badischen und hessischen Ministerien vorzulegen und nach deren Vorschrift zu veröffentlichen sind; sollte die Gesellschaft an Gunsten einzelner Waren oder Versender Ermässigungen zugestehen, so müssen solche bei gleichen Verhältnissen und Bedingungen auch jeder gleichartigen Warensendung,

besw. jedem anderen Versender zu Teil werden. Aber eine Ausnahme von diesen Bestimmungen für den vorliegenden ausserordentlichen Fall dürfte, wenn einmal je die beteiligten Regierungen über die prinzipielle Zulässigkeit der Weiterführung der Schiffahrt gegeben haben, um so leichter zu erlangen sein, als die interne, zwischen den beiden Gesellschaften zu vereinbarende Ineinanderrechnung keine Refaktie im eigentlichen Sinne ist, sondern für den Fall der Weiterbeförderung bis Cannstatt gerade allgemein zugestanden wird.

[1]) Auf dem untern Neckar werden nahezu doppelt so viele leere, als beladene Kähne geschleppt. 1887 z. B. waren es laut Geschäftsbericht der Heilbronner Gesellschaft 4540 leere, und 2502 beladene Fahrzeuge; wären, nahmen wir anfangs an, die leeren Fahrzeuge beladen gewesen, so hätte der Aufwand an Zeit, Kraft und Personal sich nicht wesentlich höher gestellt. Diese Annahme ist aber blosfällig, weil die leeren Fahrzeuge in der Hauptsache sogenannte „Steinschiffe" sind, welche aus den Steinbrüchen bei Eberbach, Neckargmünd etc. die Steine neckar- und rheinabwärts transportieren, also nicht bis Heilbronn hinauffahren.

[2]) Die anderwärts vorgenommenen Versuche der Schleppschiffahrt, durch eigenen Betrieb des Frachtgeschäfte und vermittelst der vereinigten schleppliehen Verwaltung des Schlepp- und Frachtdienstes einen billigeren Frachtsatz zu ermöglichen, kommen auf dem Neckar wegen der gebotenen Rücksicht auf die badischen Schiffer und die badische Regierung nicht in Betracht.

untern Neckar verkehrenden Fahrzeuge (132 von 267) einen Laderaum von unter 75 t. Nun sind grössere Fahrzeuge — d. h. je geringer die Tragfähigkeit, um so höher der auf den Centner Ladung an Salair (für die Hilfsmannschaft), Verzinsung und Amortisation entfallende Anteil ist — verhältnismässig weit billiger, und erfordern nicht mehr Bedienung, als kleine Schiffe[1]). Wie wir oben S. 20 gesehen haben, wirft ein Schiff von 175 t. Tragfähigkeit einen Rohgewinn von je 256, bzw. 330 Mk. pr. Reise, ein solches von 75 t. Tragfähigkeit aber nur die Hälfte (137 bzw. 170 Mk.) ab. Daher ist der Betrieb der Hälfte der Fahrzeuge auf dem untern Neckar weniger lohnend; die Anzahl der kleinen Schiffe nimmt von Jahr zu Jahr ab, die Schiffer sehen sich veranlasst, ihre abgängigen kleinen Fahrzeuge durch grössere, praktischere zu ersetzen. Die Schiffahrt auf dem mittleren Neckar nun kann und muss nach den Ausführungen S. II. 15) diesen Fortschritt und die dadurch bedingte Verbilligung des Betriebs schon von Anfang an in Rechnung ziehen.

Vor allem endlich hat die Thalfracht, wenngleich wir, wie schon dargethan, ihre Wichtigkeit durchaus nicht unterschätzen, doch nicht die ausschlaggebende, ihr von gewisser Seite beigelegte Bedeutung in der Weise, dass heute deshalb, weil für sie vorerst nur 1/4 der Bergfracht nachgewiesen werden kann, die gänzliche Aussichtslosigkeit des geplanten Unternehmens ohne weiteres angenommen werden müsste. Hatte doch Heilbronn auch, ehe die neuen Salzwerke auftraten, also bis in die 70ger Jahre nur 1/7 Mill. Ctr. Thalfracht gegenüber dem Doppelten der Bergfracht. Ebenso leidet auch die Schleppschiffahrt auf dem Main an mangelnder Rückfracht. Diese Erscheinung wird sich überall da wiederholen, wo Hauptstädte mit den Kohlenrevieren verbunden werden; gerade solche Wasserstrassen aber weisen erfahrungsgemäss eine grosse Frequenz und Rentabilität auf (s. L. Zelo, die Selbstkosten des Eisenbahntransports und die Wasserstrassen, Wien 1896). Auch bei den Projekten des Donau-Elbe-Kanals(s. Russ, „Eine Schiffahrtsstrasse Donau-Moldau-Elbe", Wien) und des Dortmunder Ems-Kanals ist die Rückfracht nur auf 1/3 der Hinfracht geschätzt.

Auf der anderen Seite besteht dafür begründete Aussicht, dass die Thalfracht sich bald zu einer grösseren Bedeutung entwickeln wird. Eine Ermässigung der Frachtsätze würde, wie verschiedene uns zugegangene Äusserungen, z. B. aus der Gyps-, Cement- und Lederbranche bestätigen, den Absatz nach Plätzen ermöglichen, nach denen Stuttgart seither wegen der Höhe der Bahnfracht nicht konkurrieren konnte. Manche Fabriken erwarten davon sogar eine Verdoppelung und Verdreifachung ihres Versands. Ohne Zweifel werden ferner mit Verbilligung des Rohmaterial- und Kohlen-Bezugs, sowie des Versands da und dort an den Neckarrouten, namentlich in Cannstatt neue Kohlenlagerräume, neue Etablissements, Sägmühlen etc. erstehen, aber auch manche Versendungen an Rohmaterialien und Produkten sich einstellen, die man heute noch nicht in Rechnung ziehen kann. Die Hauptladung für die Thalfracht in Frankfurt z. B. bildete 1887 Eisenerz mit 337000 D.Ctr.; an diesen Artikel hatte man aber bei Eröffnung der dortigen Schleppschiffahrt gar nicht gedacht. Ebenso verhielt es sich 1877 bei der Einrichtung der Heilbronner Schleppschiffahrt, für welche der dermalige Hauptversandartikel Salz noch nicht in dem heutigen Umfange in Rechnung gezogen werden konnte. So machen wir uns allein für die Verfrachtung von Kalksteinen, Cement und Bausteinen) auf den Versand mehrerer 100000 D.Ctr. gegründete Hoffnung. Endlich sei — nur der Vollständigkeit halber — hervorgehoben, dass die Möglichkeit der Wiederaufnahme einer Verbindung mit dem Donauverkehr (Ulm, Donauwörth) denn doch nicht gar so weit abliegt.

In dieser Beziehung sind die Mittheilungen der schon öfters angezogenen (Pid.'schen Broschüre S. 14 ganz lesenswerth; es heisst darin:

„Welch' einen ausserordentlichen Einfluss die Mainkanalisirung auf die Hebung der vaterländischen Industrie ausübt, beweist die Thatsache, dass im vergangenen Jahre 33745 Tonnen Eisenerze aus den Bieberer Gruben bei Gelnhausen nach Frankfurt mit Bahn befördert, hier umgeschlagen wurden und zu Schiff ab Hochofenwerke des Rheines und der Ruhr gingen. Diese Eisenerze, die nur zur Verladung bei offener Schiffahrt aufgegeben werden, hätten mit der Bahn überhaupt nicht verladen werden können, weil sich die Erze auf diesem Wege, gegenüber der Konkurrenz, bei weitem zu teuer stellen würden, da

die direkte Bahnfracht . . . . Mk. 54.—
betragen würde, gegen
Gelnhausen via Frankfurt und Wasser 34.50

Differenz . . . M. 19.50

für 10 Tonnen = M. 66 300 auf die ganzen 84 000 Tonnen. Die Arbeiterzahl beträgt für eine Jahresförderung von 84 000 Tonnen Eisenerze 250—300 Mann, je nachdem Tagebau oder Stollenbau betrieben wird. Der Mainkanalisirung verdankt daher die genannte Arbeiterzahl zum Teil ihre Existenz. Die Versendung der genannten Eisenerze würde in Zukunft noch bedeutendere Dimensionen annehmen, wenn die Kgl. Eisenbahn-Direktion eine Ermässigung der Erz-Frachten nach Frankfurt a. M für die Wasserumschlag eintreten lassen wollte, damit bei der entfernteren Lage des Bieberer Reviers demselben die Konkurrenz gegen die dem Rhein näher gelegenen Verhüttungsplätze noch mehr gestattet würde. Es handelt sich hierbei um Unterstützung einer Arbeiterbevölkerung von etwa 1000 Köpfen. —

Wie die Eisenerze, so bietet auch die Thonerde ein schlagendes Beispiel für die Möglichkeit, die einheimischen Bodenschätze aussichtiger durch die neue Wasserstrasse zu verwerten. Es giengen nämlich 4 391 Tonnen Thonerde von Klingenberg, und 16 511 Tonnen von Flörsheim mainabwärts nach dem Rhein für die Cementfabriken in Amöneburg, Oberkassel bei Bonn u s. w."

Vor zehn Jahren ferner, im Jahr 1879, führte eine Frankfurter Broschüre in einer auch auf den Stuttgart-Cannstatter Handel anwendbaren Weise aus: „Gerade beim Kolonialwarenhandel zeigt sich deutlich, welche Verluste dem Handel und der Konsumtion durch die Unzulänglichkeit der Wasserstrassen zugefügt werden. Unter den heutigen Verhältnissen bleiben die Frankfurter Schiffe, die in Rotterdam auf Ladung, und in Mainz auf die Umladung warten müssen, 10 bis 14 Tage länger unterwegs, als die Mannheimer. Hiedurch entsteht bei Kaffee ein Zinsenverlust von 24 Pfg. für den Ztr. Die Natur des Handels in Kolonialwaren verlangt aber rasche Umsätze. Die Kaffees von Ceylon werden z. B. vom Hafen Colombo durch den Suez-Kanal nach London in 40 Tagen gebracht, während sie von Holland nach Frankfurt 14 bis 20 Tage brauchen. Der Zinsenverlust, sowie die Notwendigkeit rascher Bezüge bestimmen die Kolonialwarenhändler für drei Viertel ihrer Güter den Eisenbahnweg zu wählen und 109 Pfg. incl. Überfuhr und Assekuranz zu zahlen, während Mannheim seine Güter zu Wasser in gleich kurzer Zeit erhält und nur 45 bis 50 Pfg. incl. Assekuranz, Fracht zahlt.

Für Ballast-Artikel, wie Reis, welche geringe Preise haben, daher mit sehr kleinem Nutzen gehandelt werden, ist der Unterschied an Schiffsfracht und in der Lieferfrist so erheblich, dass der Handel in diesen Artikeln hier fast gänzlich aufgehört hat, und sich blos auf Versorgung der näheren Umgebung beschränkt.

Aus der obigen Schilderung folgt, dass unser Handel nach Bayern, Tyrol, Österreich, Ungarn, wohin sich die Eisenbahnfrachten von Mannheim und von hier gleich hoch stellen, nur mit dem Opfer der Schiffsfrachtdifferenz und mit grösserem Kapitalaufwand betrieben werden kann. Es ist deshalb unserm Handel nicht möglich, solche Massen von Gütern nach den genannten Gegenden zu senden, wie Mannheim und Heilbronn. Daraus ziehen diese Konkurrenzplätze wiederum den Vorteil, regelmässige und sehr häufige Wagenladungen zu 100 und 200 Ztr. komplettieren, die wesentlich billigeren Frachtsätze für Doppelwagen erhalten, ihre Preise fracht frei stellen und kurze Lieferzeit garantieren zu können. Bei beschränktem Verkehr kommt der hiesige Handel, um die bedungene Lieferzeit inne zu halten, häufig in die Lage, frachtfrei als Einzelgut oder in Wagen von nur 100 Ztr. verladen zu müssen, welchen Schaden der hiesige Handel allein zu tragen hat.

Der hiesige Kolonialwarenhandel hat durch seine direkten Beziehungen von den Produktionsländern an intensiver Stärke gewonnen — er braucht jetzt gleiche Schiffsfrachten wie die Konkurrenzplätze, um sich auszudehnen; auch die Eisenbahnen werden davon Nutzen ziehen." —

III. Ergebnis der Enquête.

Resumieren wir das Ergebnis unserer Enquête, so können wir sagen, dass das Projekt der Weiterführung der Kettenschleppschiffahrt auch in kommerzieller Beziehung so wenig als in technischer Hinsicht so aussichtslos ist, als bisher fast allgemein angenommen wurde.

Wir geben, wie S. 20 angedeutet, davon aus, dass, wie anderwärts, die Anlagekosten mit der Zinsengarantie von der Regierung, und der Betrieb von der Heilbronner Aktiengesellschaft für die Neckarkettenschleppschiffahrt übernommen werden. Zu dem einen oder andern scheint allerdings vorerst auf beiden Seiten noch wenig Geneigtheit vorhanden zu sein. Aber einmal wird auch für eine günstigere Aufnahme des Projekts die Stunde schlagen!

Wenn auch vorerst die nötige Thalfracht nicht haarscharf herausgerechnet werden kann, so wird man dies, wie die neueren Erfahrungen im Verkehrswesen bestätigen, nicht zu schwer zu nehmen haben. Bei jedem neuen Verkehrsinstitut kann, namentlich wenn es auch noch, wie hier, eine neue Fahrstrasse einschlägt, der Zuwachs — hier der latente Verkehr — nicht so leicht ermittelt werden, wie etwa z. B. bei einer Waldtaxation, bei der man bestimmte Zuwachsprozente pr. annum mit Sicherheit zu Grunde legen kann. Was würde es z. B. bei dem Projekte einer Eisenbahn nützen, wenn man vor der Inbetriebsetzung die passierenden Fuhrwerke abzählte? So ist auch die Wiederbelebung der verödeten Wasserstrasse — in der Wirkung der billigen, regelmässigen Massenbewältigung auf dem Flusse ist die Kette das, was die Eisenbahn für den Landtransport — ein Novum, bei dem Analogieschlüsse nicht weiter führen.

Sodann rentieren erfahrungsgemäss selbst die unter günstigen Bedingungen eingerichteten Wasserstrassen erst nach Jahren. Beispielsweise brachten gerade die heute rentabelsten Kanalbauten in den ersten Jahren nur Verlust. Aber ebenso steht als wirtschaftlicher Erfahrungssatz der Flussschiffahrt fest, dass, wie überhaupt jede rationelle Transportvervollkommnung neuen Verkehr weckt, so eine Wasserstrasse Artikel absatz- und konkurrenzfähig macht, an die man früher gar nicht gedacht hat, und dass ferner namentlich als Folge und in Form neuer industrieller Anlagen, welche durch die Transport-Verbilligung noch überall hervorgerufen worden sind, der Verkehr längs der neuen Wasserstrasse gesteigert wird. Interessant ist in dieser Beziehung z. B. die in unserem benachbarten Stromgebiete, durch die Mainkanalisation, bewirkte Verkehrssteigerung: während nämlich 1887 durch die Schleuse Kostheim 9'8 Mill. Ctr. Gesamtladung gegangen sind, ist dieser Mainverkehr 1888 auf 14'4 Mill. Ctr. gestiegen; die Verkehrsleistung der Mainwasserstrasse ist demnach infolge der Kanalisirung gegenüber dem früheren Verkehr um das 73fache gewachsen. Der Verkehr an der Frankfurter Schleuse hat sich von 7'07 Mill. Ctr. im Jahre 1887 auf 9'9 Mill. Ctr. im Jahre 1888, also um das 75fache des Verkehrs vor Beginn der Main-Kanalisirung gehoben. Was den Verkehr des Frankfurter Hafens betrifft, so sind im Jahre 1888 5'2 Mill. Ctr., also 58 Prozent durch die Mainschiffahrt und 3'7 Mill. Ctr. (= 42 Prozent des Kohlengesamtverkehrs) durch die Eisenbahn nach Frankfurt befördert worden; der Hafenverkehr in Kohlen ist demnach von 1,09 Prozent im Jahre 1886 auf 58,91 Prozent im Jahre 1888 gestiegen, während hierin der Eisenbahnverkehr von 98,01 Prozent im Jahre 1886 auf 41,99 Prozent im Jahre 1888 gefallen ist. Von Getreide- und Mühlen-Erzeugnissen sind im vergangenen Jahre doppelt so viel Mengen als im Jahre 1887, nämlich 903694 Ctr., also 35,6 Prozent des Gesamt-Getreideverkehrs zu Schiff befördert worden, während die Eisenbahnen immer noch 1'6 Mill. Ctr., also 64,4 Prozent nach Frankfurt brachten. In den anderen Artikeln ergaben sich ähnliche Steigerungen, ohne dass jedoch hierin der Eisenbahnverkehr eine grössere Abnahme erlitten hätte.

In gleicher Weise wird auch von der Wieder-

Eröffnung der Schiffahrt auf dem mittleren Neckar eine allmähliche Steigerung des Verkehrs und damit der Rente in Aussicht genommen werden dürfen.

Noch deutlicher lässt sich aber das allgemeine volkswirtschaftliche Interesse der Neckarorte und des ganzen Landes an dem Projekte nachweisen. Im allgemeinen ist es ja gar nicht richtig, mit dem Ausdruck „Rentabilität" einer Wasserstrasse, etwa wie bei einer industriellen Unternehmung, die Voraussetzung zu verknüpfen, als ob der Unternehmer (hier der Staat) den Kapitalzins und die Amortisationsquote für die aufgewandten Summen direkt in seine Taschen bekommen solle; an die Stelle einer derartigen kaufmännischen Kalkulation tritt hier vielmehr, ebenso wie bei einer Landstrasse, der allgemeine wirtschaftliche Gesichtspunkt, dass die Hebung von Handel und Wandel längs der Wasserstrasse und der sich darin darstellende volkswirtschaftliche Gewinn dem aufgewandten Baukapitale entspricht. Und mit diesem in den Frachtersparnissen, in der Verbilligung der Produktions- und Verkaufskosten liegenden Gewinne gibt man sich gemeiniglich zufrieden. Nun würde doch augenscheinlich mit der Eröffnung der Neckarstrasse nicht nur der Schleppschiffahrtsbetrieb in Heilbronn durch seine Erweiterung und durch die damit gegebene gleichmässige Ausnützung des Motors und die Verringerung der Generalspesen, sondern auch der Platz Heilbronn gewinnen, und zwar nicht nur durch den Lokalverkehr mit Cannstatt, der in früheren Jahrzehnten durchschnittlich ein Drittel des gesamten Verkehrs von Cannstatt neckarabwärts bildete, sondern auch durch den Transitverkehr; denn bezüglich des letzteren unterscheidet sich ja die Wasserbahn in charakteristischer Weise vom Schienenweg durch die Kombination von Transitgut und Lokalgut; vom Eisenbahntransit haben die zwischenliegenden Stationen, an welchen der Zug vorbeifährt, nichts, auf der Wasserstrasse wird aber der Kahn in der Regel an den unterwegsgelegenen Haltestellen komplettiert.

Was aber die etwaigen fiskalen Konkurrenz-Bedenken seitens der Eisenbahnverwaltung betrifft, so wird mit der Zeit die Rücksicht auf die Volkswohlfahrt, und das allgemeine Kommunikationsinteresse dieselben schon überwinden.

Im allgemeinen ist ja für ein Land die Erweiterung der Wasserstrasse nicht weniger produktiv und notwendig, als ein ausgiebiges Eisenbahnsystem. Nun haben wir einen Fluss, der die Lebensader des Landes, aber noch ein todtes Kapital bildet, dessen Erschliessung gleichbedeutend wäre mit höherem Ertrage für die Landwirtschaft, mit Verbilligung der Nahrungsmittel für unsere Arbeiter, mit Erleichterung und Erweiterung des Absatzes unseres Handels, mit billigem Heiz- und Rohmaterial für unsere Fabriken und namentlich auch für unser Kleingewerbe. Wie auch die Heilbronner Denkschrift von 1874 ausführte, ist an der Neckarschiffahrt nicht nur Handel und Industrie des nächstbeteiligten Platzes, sondern auch die angrenzende Bevölkerung im allgemeinen beteiligt; denn sie erhält, wie von jeder Transportvervollkommnung — neuen Verdienst und einen grossen Teil ihres Brennmaterials (Steinkohlen, Koks, Holz), Kolonialwaren u. a. Produkte auf dem Wasserwege zu billigeren Frachten, desgleichen in ungünstigeren Fruchtjahren viele Lebensmittel. Auch vom fiskalen Standpunkte aus hat der Staat ein Interesse, die Neckarschiffahrt zu befördern; er hat es als Inhaber der Salinen, dann der Forsten, deren Ertragsfähigkeit von der Prosperität des Holzhandels sehr viel abhängt, endlich selbst als Besitzer der Eisenbahnen.

Damit kommen wir auf die eingangs gegebene Darlegung über die Konkurrenz des Schienen- und Wasserwegs zurück; dieselbe müssen wir hier noch etwas weiter ausführen, da sie den allgemeinen Ausgangspunkt für unsere Enquête gebildet hat.

Aus naheliegenden Gründen begegnen im allgemeinen die Eisenbahnverwaltungen der Wiederbelebung von Wasserstrassen (ihrer Konkurrenz) mit geteilten Gefühlen. Indessen ist diese Zurückhaltung — ähnlich wie bei der Frage von Tarifermässigungen — da geschwunden, wo man den Eisenbahnen einen Ersatz für den befürchteten Ausfall nachzuweisen im Stande war.

Es ist jetzt zwanzig Jahre her, dass den von der Natur geschaffenen und geschenkten, mit eigener Triebkraft versehenen, sich selbst bewegenden Strassen wieder die ihnen gebührende wirtschaftliche Berechtigung zugestanden wird. Erwies sich doch diese Berechtigung z. B. auf dem Rhein, auf der Elbe, auf der Seine aus dem Verhältnis des Gütertransports der Eisenbahn und der Binnenschiffahrt insofern, als der Verkehr der letzteren z. B. zwischen Paris — Rouen, sowie Paris — Mans im Durchschnitt jährlich das Zehnfache des Eisenbahntransports, oder von Ruhrort rheinabwärts das Dreifache desselben, oder elbabwärts bis Hamburg das gleiche Transportquantum (10 Mill. D.Ctr.) erreicht. Auf der andern Seite zeigte es sich, dass den Eisenbahnen in den Selbstkosten eine Grenze gesteckt ist, und in die Lücke — angesichts der immer schärfer werdenden internationalen Konkurrenz — andere Transportmittel zu treten haben, welche den Bezug von Massengütern und Rohmaterialien zu den denkbar billigsten Frachtsätzen unternehmen können. Man erkannte, dass eine Art Arbeitsteilung in der Richtung rationell sei, dass man die Bahnen von einem für sie doch unrentablen Teile des Massentransports, für welchen sie eine nutzlose Raschheit leisten, entlastet und solchen den Wasserwegen zuweist[1], man sah, dass die dem öffentlichen Verkehre gebotenen Vorteile keineswegs zum Nachteile der Transport-Anstalten ausfallen müssen, und dass deshalb zwischen den öffentlichen Interessen und denjenigen von Privatunternehmungen ein Gegensatz nicht zu bestehen brauche.

Allerdings ist inzwischen unter den Fachkreisen wieder ein Streit über die Vorzüge des Schienenwegs und der Wasserstrassen ausgebrochen. Aber die Thatsache steht nun einmal fest, dass die Schifffahrt einen billigeren Bezug von Kohlen und Rohmaterialien ermöglicht: der Wasserweg von Rotterdam hieher verhält sich im Mittel zum Schienentransport wie 50 Pf. zu 260—400 Pf.; für Frankfurt — Rotterdam ist das Durchschnitts-Verhältnis 162 Pf. zu 412 Pf., die Elbfracht beträgt 13.2 Pf. pr 100 Kilo und 100 Km. Diese Preisermässigung muss notwendig die industrielle Produktion und damit den Eisenbahnverkehr mit Fabrikaten vermehren. Die Förderung einer neuen Wasserstrasse dient also nicht nur dem Interesse des angrenzenden Bezirks, sondern wirkt in der Regel auch direkt befruchtend auf die Einnahmen der Eisenbahn ein[2]. Statt einer feindlichen Konkurrenz besteht eine Solidarität, ein inniger Konnex zwischen den beiderseitigen Interessen, Eisenbahn und Binnenschiffahrt schliessen sich (unter Umständen) nicht gegenseitig aus, sondern ergänzen einander.

Wir haben schon eingangs die diese Annahme bestätigenden Erfahrungen am Rhein, auf der Saale und Elbe, hervorgehoben; ebenso genau wie für die Rheinschiffahrt lässt es sich z. B. auch für den Elbverkehr nachweisen, dass durch ihn die Gesamtproduktion des angrenzenden böhmischen und sächsischen Gebiets gefördert, und damit sogar jenen Bahnen, welche mit der Elbestrasse konkurrieren, eine Entschädigung vermittelt worden ist. Weiter steht fest, dass die Meliorationsarbeiten auf der Seine (welche die Schiffbarkeit dieses Stromes radikal umgestaltet haben), nicht die progressive Steigerung der Einnahmen auf der Eisenbahnlinie Paris—Havre gehindert haben; der nämliche Fall trat auf der Bahnlinie Paris—Nancy ein, wo die Verbesserung der Wasserstrasse, welche der Bahn parallel läuft, viel später vorgenommen wurde, als der Bau der Bahn. Ebenso hat durch den Kohlenkanal zur Saar, welcher vom Jahre 1862 bis 1866 ausgeführt wurde, der Verkehr auf den Bahnen trotz dieser Konkurrenz nicht gelitten, vielmehr haben die Kohlentransporte der Bahnen sogar in dem unmittelbar auf die Eröffnung des Kanals folgenden Jahre um einige 100 000 Tonnen zugenommen. Erst neuerdings wieder hat auch die Entwickelung des Frankfurter Verkehrs eine weitere Bestätigung dieser Thatsache geliefert; dort hat der Wasserbezug sich im Jahr 1887 allerdings verdoppelt und zwar mit Hilfe von Gütern, welche früher der Eisenbahn zugefallen waren, aber der dortige Eisenbahnverkehr hat trotzdem nicht abgenommen, sondern ist von 932 000 Tonnen im Jahre 1886, auf 1 013 628 Tonnen im Jahre 1887 gestiegen. Mit Recht führte in dieser Beziehung ein Redner auf dem Wiener Binnenschiffahrtskongress von 1886, Ingenieur Hirsch von Paris aus:

»Die Anlage einer neuen Schiffahrtslinie wird in vielen Fällen einen (vorübergehenden) Ausfall im Verkehre der zum Kanal parallel führenden Eisenbahnen hervorrufen, auch wird aus der Konkurrenz eine permanente Reduzierung der Frachttarife für die Eisenbahn resultieren. Dass die Bahnverwaltungen dann über diese Erscheinungen ungeduldig werden, ist eigentlich nicht mehr als natürlich. Aber eine weitaussehende Verwaltung lässt sich dadurch nicht irreführen.

Die Frage über den ökonomischen Einfluss, welchen neue Schiffahrtslinien auf die Prosperität paralleler Eisenbahnlinien ausüben, muss von zweierlei Standpunkten aufgefasst werden. Es giebt hiebei Dinge zu erwägen, welche man sieht und solche, welche man nicht sieht.

Einerseits ist die momentane Verminderung des Eisenbahntransports, und die Reduzierung der Tarife eine Thatsache, die sich sofort bemerkbar macht — die man also sieht; andererseits sind aber auch etwas entfernter liegende Konsequenzen vorhanden, die man nicht sieht, und diese sind der Aufschwung in der Industriellen und landwirtschaftlichen Produktion in den betreffenden Gegenden, eine Prosperität in Handel und Wandel, welche in anderer Form wieder auf die benachbarten Eisenbahnen reagiert und reagieren muss.

Die Industrie kann nicht prosperieren und sich entwickeln, wenn nicht die Grundbedingung vorhanden ist, dass die Rohprodukte zu dem möglichst billigen Preisen erhältlich sind, sa Preis u, wie solche nur durch den Transport auf Wasserwegen bezugt werden können. Es genügt eine geringe Differenz in den Bezugskosten der Kohle, um in einem Produktionsgebiete eine lebhafte industrielle Bewegung hervorzurufen. Es besteht demnach ein unmittelbarer Zusammenhang, und eine Wechselwirkung zwischen dem Effekte einer schiffbaren Wasserstrasse und der Prosperität einer Eisenbahn. Man kann mit voller Beruhigung sagen, dass jedes intensiv industrielle Gebiet von beiden Verkehrsarten, das ist von Wasserstrassen und Eisenbahnen, bedient werden soll, dass das Nichtvorhandensein von Wasserstrassen in einem solchen Gebiet auch den Eisenbahnen indirekt einen namhaften Teil des Verkehres entzieht, dass in vielen Fällen der Antagonismus zwischen Wasserstrassen und

---

[1] Damit werden die Eisenbahnen — nicht zum Schaden ihrer Kasse — in den Stand gesetzt, ihre ganze Kraft den schnellen Transporten zuzuwenden, den Personenverkehr zu verbessern und zu vermehren, und zugleich von dem bisherigen Zwang befreit, bei den übrigen Gütern, um eben die Massengüter verwendungsfähig zu machen, die Tarife hoch zu halten.

[2] Nur der Vollständigkeit halber sei an die Eventualität eines Krieges erinnert, in welcher Zeit die Eisenbahnen fast ausschliesslich für Militärzwecke in Anspruch genommen werden, und, wie im deutsch-französischen Krieg, die Wohlthat der ungestörten Schiffahrt erst recht empfunden wird; während damals auf dem Eisenbahnweg nichts mehr zu erhalten war, hat die Schiffahrt ununterbrochen Güter aller Art, besonders aber Kohlen, Kaffee und Reis in enormen Massen unserem Lande zugeführt; es sichert also für den Notfall den Eisenbahnen selbst, nicht nur der Industrie, den Bezug des ihnen notwendigen Brennmaterials.

Eisenbahnen nicht recht zu motivieren ist. In Wirklichkeit ergänzen sich beide, sie konkurrieren für den gleichen Zweck, indem sie dem Verkehrsgebiete, in welchem sie sich befinden, nur Wohlstand bringen."

Was hier im allgemeinen von dem Gange des Handels und der Industrie gesagt ist, gilt namentlich einmal für unsere Exportindustrie (und zwar in erhöhtem Masse, je mehr der internationale Konkurrenzkampf an Intensivität zunimmt), und sodann im besondern auch von Stuttgart. Die hiesige Industrie nämlich hat gegenüber der in der Nähe von Wasserstrassen, von Kohlen- und Eisenrevieren gelegenen Konkurrenz einen harten Stand. Verschiedene uns zugegangene Zuschriften führen aus, dass der wunde Punkt für Stuttgarts Entwickelung und Konkurrenzfähigkeit der hohe Bezugspreis der Roh- und Heizmaterialien sei; namentlich für die Maschinenfabrikation ist die hohe Fracht der Konkurrenz mit den im Rhein- und Ruhrgebiet gelegenen Fabriken sehr hinderlich; kann für die Rohmaterialien eine bedeutende Frachtermässigung gewährt werden, so würde sich die Produktionsfähigkeit und der Rohmaterialienverbrauch bedeutend steigern.

„Ich bin der Überzeugung", schrieb uns z. B. ein Lederfabrikant, „dass die Schleppschiffahrt auf dem Neckar erst dann ihren Zweck erfüllt, wenn der Anschluss bis Cannstatt (bzw. Esslingen), den Zentralpunkten des Landes, erfolgt sein wird".

„Eine Verlängerung der Schleppschiffahrt bis Cannstatt—Esslingen", äusserte sich eine Farbwarenhandlung, „hat für die gesamte Industrie und den Handel Württembergs eine sehr grosse Tragweite. Denn mit derselben müssten die enormen, in Mannheim sich anstauenden Güterumsätze des Sammelverkehrs nach Württemberg, sowie nach dem grössten Teil Bayerns, der Schweiz etc., wofür bis jetzt Mannheim das Vermittlungs-Monopol hat, jedenfalls Württemberg zufallen; Stuttgart würe wohl hiefür der gegebene Knotenpunkt, was auch dem Bahnverkehr einen ganz bedeutenden Aufschwung verschaffen würde".

Sowohl desshalb, als auch weil unser Transit seit Jahren mehr und mehr abnimmt, hat unsere Eisenbahnverwaltung an der Erhaltung der industriellen und kommerziellen Konkurrenzfähigkeit des Verkehrszentrums unseres Landes ein direktes Interesse.

In der Sitzung des preussischen Abgeordnetenhauses vom 22./25. Mai 1896 sprachen die beiden Staatsminister von Maybach und von Bötticher übereinstimmend aus:

„Es ist ganz gewiss, und wir müssen uns darauf einrichten, dass auf die Dauer nicht alle Massenprodukte auf der Eisenbahn befördert werden können, nicht etwa aus technischen Rücksichten — technisch würden wir vielleicht noch viel mehr leisten können — aber nicht finanziell. Wir müssen darnach streben, die weniger ertragsfähigen Artikel, die nicht neben den übrigen Artikeln in Ausnützung des vorhandenen Transportapparates gefahren werden können, auf andere, billigere Strassen zu bringen. Wir haben uns nie von dem Gedanken leiten lassen, dass die Eisenbahnen — die vielleicht hier und da in ihren Erträgen etwas geschädigt werden würden — ein Hemmnis sein dürften für die Entwickelung anderer notwendiger Kommunikationswege. Nein, meine Herren, die Eisenbahnpolitik muss auf etwas höherem Standpunkte stehen; sie muss begreifen, dass die Eisenbahnen, ebenso wie Wasserstrassen und Chausseen, nur Mittel sein sollen zur Hebung der Landeswohlfahrt, nicht aber Selbstzweck. Ein jeder neue Verkehrsweg enthält ein gewisses Risiko, wenn man nach der Rentabilität fragt; aber es kann doch unmöglich die Absicht sein, bei allen Verkehrswegen eine direkte Rente zu erzielen, sondern es ist die Absicht, durch den neuen Verkehrsweg dem Verkehre neue Bahnen zu eröffnen und damit indirekt den Volkswohlstand zu heben."

Dass diese leitenden Gedanken, weil richtig und durch die Erfahrung erprobt, bald von sämtlichen Landesregierungen, insbesondere auch von der unserigen adoptiert werden, hoffen wir, zumal im Hinblick auf die enormen Anstrengungen, welche die beteiligten Regierungen für die Belebung der Schiffahrt der benachbarten Städte z. B. von Mannheim, Frankfurt, Mainz, Strassburg, Würzburg, Bamberg gemacht haben, bzw. erst noch zu machen beabsichtigen. Wir erinnern ferner noch daran, dass die Badische Regierung für den Hafenplatz Mannheim 25 Mill. Mk., und die Preussische Regierung im abgelaufenen Jahrzehnt auf die Verbesserung der Wasserstrassen über 200 Mill. Mk. aufgewandt haben. Mit Rücksicht hierauf dürfte die Ausgabe von 3—4 Mill. Mk. für die Herstellung der Fahrtstrasse, sowie einiger Tausend Mk. für die Zinsengarantie nicht mehr als ein unübersteigliches Hindernis betrachtet werden für die Eröffnung einer in das Herz des Landes führenden Strasse, für die Ausführung eines Projektes, das so naheliegend, so verlockend ist, dass es von selbst, — wie es überhaupt Ideen gibt, die wenngleich vielfach bespöttelt, nicht eher ruhen, als bis sie zum Austrage gelangen — immer wieder auf seine Verwirklichung hindrängen wird.

II. Teil.

Hydrographische Untersuchung

betreffend

die Verbesserung der Schiffbarkeit des Neckars

von Heilbronn bis Cannstatt bezw. Esslingen.

Einleitung.

Um einen Fluss, welcher sich wie der Neckar von Heilbronn, bezw. Besigheim, aufwärts vermöge seiner zu Zeiten geringen Wassermenge zum Betrieb einer rationellen Schiffahrt wenig eignet, hiezu zu befähigen, werden hauptsächlich zweierlei Mittel angewendet, welche man kurz als Regulierung und Kanalisierung zu bezeichnen pflegt.

Bei der ersteren ist das Bestreben dahin gerichtet, durch Beseitigung grösserer, der Schiffahrt hinderlichen Unregelmässigkeiten des Flussbetts, sowie durch künstliche Zusammenfassung des Niederwassers an Flussstrecken von ungenügender Wassertiefe, eine regelmässige Fahrrinne zu schaffen, in welcher auch bei der geringsten Wassermenge die Wassertiefe nirgends unter das, den Flussverhältnissen entsprechende kleinste Mass, herabsinkt. Die Anwendung von Stauvorrichtungen an Stellen mit besonders starkem Gefäll ist hiebei nicht ausgeschlossen.

Bei der Kanalisierung wird das vorhandene Flussgefälle durch Stauanlagen in einzelnen Punkten konzentriert, so dass die Fahrstrasse der Schiffe durch nahezu horizontale Strecken gebildet wird, die unter sich durch Schleusen oder Schiffsgassen verbunden sind. Die Stauanlagen werden in neuerer Zeit meist zum Niederlegen eingerichtet, so dass bei günstigeren Wasserständen der Fluss seinem natürlichen Lauf zurückgegeben werden kann.

Die Kanalisation gewährt demnach den Vorteil, dass man in der Bestimmung des niedersten Wasserstandes bis auf eine gewisse Grenze freie Hand hat und ihn den Anforderungen des Schiffahrtsbetriebs anpassen kann. So könnte man für den oberen Neckar bei der Kanalisation für die Schiffahrt einen niedersten Wasserstand von 1 m bis 1,2 m durchführen, was bei der Regulierung nicht möglich ist.

Ausserdem sind die Erfolge bei der Kanalisierung weit sicherer vorauszubestimmen, als bei der Regulierung; letztere hat an verschiedenen Flüssen (Elbe, Saar, Mosel etc. etc.) schon manche Enttäuschungen gebracht. Wenn diese Misserfolge auch in der Hauptsache dem gewählten System (Buhnen) zuzuschreiben und in neuester Zeit z. B. an der Mosel, sehr gelungene Regulierungen vorgenommen worden sind, so ist doch nicht in Abrede zu ziehen, dass die Kanalisierung ein zuverlässigeres Mittel ist, zum Ziel zu gelangen als die Regulierung. Wenn letztere gleichwohl — mit einigen Modifikationen — in dem vorliegenden Projekt angenommen wurde, so haben die nachstehenden Erwägungen zu diesem Entschluss geführt.

Als erste Aufgabe wird zu betrachten sein, dass die Wasserstrasse des oberen Neckars nach Thunlichkeit so in Stand gesetzt wird, dass sie allen Anforderungen der Schiffahrt in gleicher Weise zu entsprechen vermag, wie die Neckarstrecke Mannheim — Heilbronn, dass also Schiffe mit derselben Ladung von Mannheim bis Cannstatt gelangen können und in der gleichen Weise gefördert werden. Für den unteren Neckar nun ist es der Anwendung der Kette allein zu verdanken, dass die Schiffahrt daselbst, der sonst dasselbe Schicksal drohte, wie dem auf dem oberen Neckar, einen neuen Aufschwung nahm und jetzt noch im stetigen Fortschritt begriffen ist[1]).

Der ausserordentliche Erfolg, welchen die Kettenschiffahrt auf dem untern Neckar aufweist, ist nicht zum geringsten Teil dem Umstand zuzuschreiben, dass die Wasserstrasse auf der ganzen Strecke frei von allen Schiffahrtshindernissen ist. In dieser Beziehung liegen die Verhältnisse schon jetzt auf dem oberen Neckar weit ungünstiger. Denn zwischen dem Heilbronner Hafen und

---

[1] Im Jahr 1877 war der Verkehr im Wilhelmshafen in Heilbronn auf 901 823 Ztr. Ladung gesunken; im Jahr 1896 betrug er 2,4 Mill. Ztr., also mehr als das Doppelte. (S. Anlage 4 der Beschreibung.)

dem Unterwasser bei Cannstatt befinden sich zur Zeit schon 6 Schleusen; zu diesen kämen nach der Einzeichnung im Längenprofil des Neckars bei einer vorzunehmenden Kanalisation 16 neue Schleusen, so dass ihre Gesamtzahl 22 betrüge. Der Aufenthalt beim Durchschleusen beträgt aber für 1 Schiff 12 Minuten und für einen aus 6 Fahrzeugen bestehenden Zug daher mindestens 1 Stunde und 12 Minuten; bei zweischiffigen Schleusen, wie sie hier in Aussicht genommen sind, vermindert sich dieser Aufenthalt um ⅓ und würde daher noch 48 Minuten betragen.

Die auf einer Fahrt von Heilbronn nach Cannstatt mit Schleusungen verlorene Zeit berechnet sich sonach auf mindestens $\frac{22 \cdot 48}{60}$ = 18 Stunden.

Die freie Fahrt in den Haltungen erfordert bei einer Geschwindigkeit des Schleppers von 4,5 km pro Stunde und einer Flusslänge von 73 km — 16 bis 17 Stunden; die ganze Fahrt würde daher 35 Stunden oder 3 Tage dauern, während die um 43 Km. längere Strecke Mannheim — Heilbronn in 2 Tagen zurückgelegt wird. Daraus geht auch hervor, dass die Fahrt von Heilbronn nach Cannstatt in diesem Fall keine so billigen Frachten zulassen würde, wie sie auf dem untern Neckar bestehen.

Bei grossen Flüssen, wie z. B. der Seine, kommen die hier dargestellten Nachteile der Wehranlagen weniger zur Geltung, weil bei diesen vermöge ihres Wasserreichtums die Wehre einen grossen Teil des Jahres niedergelegt werden können und dann der freien Schiffahrt kein Hindernis bieten; bei einem Flusse wie der obere Neckar aber, der nicht nur sehr schnell wechselnde Wasserstände hat, und bei welchem die Wassermenge sogar bis auf 8—9 Kubm. zurückgeht, kann hierauf nicht gerechnet werden.

Erwägt man weiter, welchen grossen Aufwand die Erbauung so zahlreicher neuen Wehre mit Schleusenanlagen erfordern würde, sowie dass mit der Kanalisation des oberen Neckars nicht viel gewonnen wäre, wenn nicht auch in gleicher Weise auf dem untern Neckar die Niederwasserstände erhöht würden, wozu keine Aussicht vorhanden ist, so wird jeder Zweifel gehoben sein, dass unter diesen Umständen auf dem oberen Neckar die Regulierung der Kanalisierung vorzuziehen ist, falls mit letzterer überhaupt eine dem untern Neckar entsprechende Fahrtrasse geschaffen werden kann.

Die eingehenden Untersuchungen, ob und wie es möglich sei, den oberen Neckar so zu regulieren, dass zur Zeit der Niederwasserstände dort dieselbe Fahrtiefe noch vorhanden ist, wie im unteren Neckar, haben, wie in der vorliegenden Schrift näher nachgewiesen ist, ergeben, dass dieses in den verschiedenen Stromschnellen durch Einengungsbauten allein nicht geschehen kann. Um hier das fehlende Fahrwasser zu beschaffen, ist deshalb im Projekt angenommen, dass leicht zu beseitigende Verschlüsse am oberen Ende der Stromschnellen eingesetzt werden, welche in den sich anschliessenden Haltungen Wasser ansammeln, das beim Passieren der Stromschnellen durch die Schleppzüge in dieselben eingelassen wird, für welche dann die Überwindung solcher Gefälle kein Hindernis bildet.

Im übrigen genügen die teils schon vorhandenen, teils neu anzulegenden Parallelbauten, welche so anzuordnen sind, dass sie auf der Strecke von Heilbronn bis Besigheim die Fahrrinne bis zu 25 m und von da bis Cannstatt, bezw. Esslingen, bis zu 20 m Breite, entsprechend den abnehmenden Wassermengen, einengen. Dabei wurde die Berechnung vorzüglich so geführt, dass sie bei Niederwasser für den oberen Neckar eine ca. 0,2—0,3 m grössere Tiefe ergab, als die Wassertiefe auf dem unteren Neckar bei dem entsprechenden Wasserstand. Ausserdem ist im Projekt noch die Beseitigung störender Sohlenerhöhungen durch Baggerung und Sprengung vorgesehen und auf eine unschädliche Ablagerung der vom Fluss mitgeführten Geschiebe Rücksicht genommen.

An Verschlüssen sind im ganzen zunächst 12 vorgesehen; diese Zahl entspricht dem dringendsten Bedürfnis und kann nötigenfalls ohne Anstand noch vermehrt werden.

Um jedoch den oberen Neckar so zu gestalten, dass die von Mannheim abgehenden Schiffe ungehindert bis Cannstatt gelangen können, ist ferner notwendig, dass die vorhandenen Schleusen- und Schiffsgassen so erbreitert werden, dass sie den 6,5 m breiten Schleppern und grossen Neckarschiffen den Durchgang gestatten.

Für diesen Umbau der Schleusen ist die Konstruktion der neuen Schleuse in Heilbronn massgebend, nur sollen sie um so viel verlängert werden als nötig ist, um gleichzeitig das Durchschleusen von 2 Schiffen zu gestatten.

Auf die Möglichkeit, dass die neueren grösseren Schiffe auf dem unteren Neckar mit einem Laderaum von 4—5000 Ztr. auch den oberen Neckar befahren können, beruht — neben dem Ersatz des primitiven Pferdezugs durch die Dampfkraft — hauptsächlich die Aussicht, die Schiffahrt auf dem oberen Neckar wieder beleben zu können.

Welche Vorteile die Verwendung grosser Schiffe, die auf dem Neckar breit und leicht gebaut sein müssen, um unbeladen nur einen geringen Tiefgang zu haben, bezüglich der Höhe des Frachtlohns bietet, wurde schon in I. Teil dargelegt; hier möge noch die Thatsache erwähnt werden, dass im Jahre 1881 von den nach Heilbronn geschleppten

Schiffen 73,5 % einen Laderaum von höchstens 1200 Ztr. hatten und nur 26,5 % darüber, während nach Erbauung der neuen Schleuse sich das Verhältnis so änderte, dass im Jahr 1886 nur noch 37 % kleinere, dagegen 63 % grössere Schiffe geschleppt wurden. Dieses Verhältnis wird sich immer mehr zu Gunsten der grösseren Schiffe ändern, je mehr alte Schiffe abgängig werden.

Der bestehende Fahrweg der Schiffe ist im Projekt thunlichst beibehalten worden; nur an einzelnen Stellen wurde eine durchgreifende Verbesserung für unabweisbar erachtet. Eine solche Stelle ist die Strecke bei Lauffen, vom Mühlwehr bis unterhalb der Stadt. Der Fluss hat hier ein starkes Gefälle, macht eine grosse Krümmung und führt bei Niederwasser nur wenig Wasser, da dasselbe fast durchaus von den dortigen Wasserwerken verbraucht wird und dem Fahrweg der Schiffe bei ihrem Passieren erst durch Zustellen der Werke zugewiesen werden muss. Um den daraus entspringenden Missständen zu begegnen, soll ein neuer Kanal mit Schleuse angelegt werden, womit zugleich eine nicht unerhebliche Wegverkürzung erreicht und eine später zu verwertende grosse Wasserkraft gewonnen würde.

Einige Schwierigkeiten bot die Festsetzung des Projekts für die Weiterführung der Schiffahrtsstrasse von ihrem seitherigen Ende im Unterwasser des Cannstatter Wehrs in das Oberwasser. Der einfachsten Lösung, den Schiffsweg mit dem bestehenden Flossweg, durch Anbringung einer Schleuse am linksseitigen Ufer zu vereinigen, steht der Umstand im Wege, dass bei Niederwasser im Flosskanal fast kein Wasser fliesst und das für die Schiffahrt erforderliche Wasser beim Passieren eines Schleppzugs den Wasserwerken auf längere Zeit entzogen werden müsste, was jedenfalls zu allerlei Missständen führen würde. Es blieb daher nur übrig, für die Fortsetzung des Schiffswegs den bestehenden Werkskanal zu wählen, obgleich hiemit die Anlage kostspieliger Bauten in Verbindung steht. Ein Übelstand stellte sich nämlich dabei in der Beziehung heraus, dass die Schiffe die Brücke im Oberwasser statt, wie am linken Ufer, im Unterwasser zu passieren haben und die äusserste Brückenöffnung rechts nicht die genügende Höhe für die Durchfahrt der Schlepper bietet. Es musste deshalb hiefür der zweite, um 0,45 m höhere Brückenbogen gewählt werden, was eine teilweise Verlegung des festen Wehrs bedingt. Diese Veränderung ist in der Weise projektiert, dass die oberhalb der Brücke befindliche in die Fluchtveränderungen des zweiten Strompfeilers fallende neue Wehrteil wieder als festes Wehr, der sich unten am Pfeiler anschliessende Teil aber als Nadelwehr konstruiert ist. Mit dieser Anlage würde das un-

genügende Durchflussprofil der steinernen Brücke um 50—60 qm. vergrössert und damit eine wesentliche Verbesserung der bekannten misslichen Hochwasserverhältnisse an der Brücke herbeigeführt.

Von hier folgt der Schiffsweg dem Mühl- und Flosskanal bis zum Berger Wasserhaus; den grossen Schwierigkeiten, welche der Erbreiterung des Flosskanals, soweit er sich zwischen der Staatsstrasse und dem städtischen Wasserwerk in Berg hinzieht, entgegenstehen, soll durch die Verlegung der Staatsstrasse begegnet werden.

Die weitere Strecke bis Esslingen bietet keine besonderen Schwierigkeiten; auch können gegen die Durchführung des Projekts bei den Wasserwerken zu Oberürkheim und auf dem Brühl nicht wohl Anstände (seitens der Werkbesitzer) mit Grund erhoben werden.

Erforderlich wird die Herstellung dreier Schleusen, die auf dieser Strecke einschiffig angenommen sind, zweier Schliessungen und eines beweglichen Wehrs bei Oberürkheim.

Die schon in Anregung gebrachte Fortsetzung der Schiffahrt bis Plochingen wurde einer näheren Untersuchung nicht unterzogen; die Verhältnisse der Flussstrecke zwischen Esslingen und Plochingen, vor allem aber in Esslingen selbst sind, sowohl was den Flusslauf als die Gefälle anbelangt, so ungünstig, dass der Aufwand, welchen ihre Umwandlung in eine schiffbare Wasserstrecke erfordern würde, ganz ausser Verhältnis zu dem Vorteil stünde, das Ende der Schiffbarkeit des Neckars etwa 10 km weiter flussaufwärts zu verlegen.

Als dritte Grundbedingung der Wiederbelebung der Schiffahrt auf dem oberen Neckar ist festgehalten, für einen unmittelbaren Umschlag der Güter von den Schiffen auf die Bahn und umgekehrt in zweckdienlicher Weise Sorge getragen wird.

Auf der ganzen Strecke von Heilbronn bis Cannstatt bietet sich hiezu keine Gelegenheit, weil die verschiedenen Bahnen, wo sie in das Neckarthal eintreten, zu entfernt oder zu hoch für eine Geleisverbindung mit einem Neckarhafen gelegen sind. Auf dieser Strecke wird es übrigens genügen, wenn für den örtlichen Verkehr an den bedeutenderen Plätzen bequeme Landungsstellen zum Ein- und Ausladen geschaffen werden. Die Schiffe, welche unterwegs einen sicheren Liegeplatz bedürfen, finden solche in genügender Zahl in den verschiedenen Schleusenkanälen.

Dagegen ist es für das ganze Unternehmen von der grössten Bedeutung, dass im Verkehrs-Zentrum Cannstatt — Stuttgart (sowie am Endpunkt Esslingen) geräumige, gut gelegene Häfen sowohl für den örtlichen Verkehr, als zum Überbringen der umzuschlagenden Waaren vom Wasser auf die Bahn und umgekehrt hergestellt werden.

Um diesen verschiedenen Forderungen möglichst Genüge zu leisten, ist zunächst im Unterwasser bei Cannstatt, da wo der früher benutzte

Hafen sich befand, ein kleinerer Hafen, der übrigens auch vergrössert werden könnte, für den Lokalverkehr vorgesehen.

Der für Cannstatt und für die Verbindung mit dem dortigen Bahnhof bestimmte Haupthafen ist in den zwischen dem vergrösserten Bahnhof und der Gasfabrik noch freien Raum projektiert, der die Anlage eines solchen von ca.: 9000 qm nutzbarer Wasserfläche für etwa 30 Schiffe gestattet. Ein Missstand bei dieser Anlage, der aber bei jedem an der Bahn bei Cannstatt gelegenen Platz sich einstellen müsste, besteht darin, dass zwar der Hafen selbst hochwasserfrei angelegt werden kann, nicht aber der Verbindungskanal mit dem Neckar, der das frei zu haltende Inundationsgebiet quer durchschneidet.

Für den Lokalverkehr mit Stuttgart—Berg ist eine Hafenanlage auf dem staatlichen Grundstück hinter dem Waldhorn in Berg und zunächst der Strasse gelegen, vorgesehen. Sie misst ca.: 6000 qm und hat Raum für etwa 20 Schiffe.

In Esslingen endlich befindet sich an der Einmündung des dortigen Mühl- und Flosskanals in den Neckar ein unmittelbar an die Bahn reichender Platz, der ganz geeignet ist für die das Ende der Neckarschiffahrt bildende Hafenanlage. In der projektierten Grösse von ca.: 9000 qm vermöchte er bis zu 27 Schiffe zu fassen und könnte nötigenfalls noch etwas vergrössert werden.

Mit den vorgenannten grösseren Hafenanlagen sollte auf längere Zeit allen zu erwartenden Anforderungen Genüge geleistet werden können.

Was den mit der geplanten Regulierung des Neckars (von Heilbronn bis Esslingen) verbundenen Kostenaufwand anbelangt, so ist derselbe für diese Strecke annähernd auf rund 5 Millionen Mark berechnet worden; dabei ist zu bemerken, dass wenn auch einerseits, um sicher zu gehen, für allgemeine Kosten ziemlich hohe Beträge eingesetzt worden sind, andererseits anzunehmen ist, dass sich bei einer mehr in's Detail eingehenden Beurteilung des Projekts noch manche, hier nicht vorgesehenen Kosten als notwendig herausstellen werden. Von der genannten Hauptsumme könnten ca.: 400 000 M. bei der ersten Anlage noch zurückgestellt und erst später allmählich zur Verwendung gebracht werden.

Von den dann noch bleibenden 4 600 000 M. entfallen auf die Strecke von Heilbronn bis Cannstatt, einschliesslich des Haupthafens, 3 400 000 M. und auf die Strecke Cannstatt (Hafen) — Esslingen 1 200 000 M.; für die gesammten Hafenanlagen und Landestellen sind 1 111 000 M. gerechnet. —

Das Ergebnis der angestellten eingehenden und nachstehend im Auszug mitgeteilten Untersuchungen geht dahin, dass es technisch ausführbar ist, den obern Neckar von Heilbronn bis Esslingen in solcher Weise zu regulieren, dass seine Fahrrinne, was die Wassertiefe bei niedrigeren Wasserständen anbelangt, der des untern Neckars entspricht und dass somit in dieser Beziehung der Einrichtung eines Kettenschleppschiffahrts-Betriebs nichts im Wege steht.

Ein wesentlicher Unterschied zwischen dem oberen und unteren Neckar besteht jedoch darin, dass der Schiffahrt auf ersterem durch das Passieren der Schleusen ein ziemlicher Zeitverlust erwächst, während auf letzterem stets eine ungehinderte Fahrt stattfinden kann.

Die grossen Zeitverluste bei der Bergfahrt mit Schleusungen sind auf dem oberen Neckar aber deshalb um so höher anzuschlagen, als die Länge der Eisenbahn von Mannheim nach Cannstatt mit 135 km ohnehin viel geringer ist als die der Wasserstrasse mit 189 km. Werden die bei dem Passieren der Schleusen vorkommenden Zeitverluste in Weglänge verwandelt, wie bei der Feststelluug des Fruchtlohns geschehen muss, so ergibt sich für die Wasserstrasse eine in Rechnung zu nehmende Länge (virtuelle Länge) von 230 km, also der Eisenbahn gegenüber eine Mehrlänge von nahezu 100 km.

A. Hydrographische Verhältnisse des Neckars.

Da die hydrographischen Verhältnisse des gesamten Neckargebiets sowohl in der in Berlin herausgegebenen „Statistik deutscher Wasserstrassen" als auch in einer vom württembergischen Kommissär für die „Reichskommission zur Untersuchung der Rheinstromverhältnisse" besonders ausgearbeiteten Beschreibung dieses Gebietes im allgemeinen ausführlich dargelegt sind, so mögen hier nur diejenigen Erörterungen Platz finden, welche sich auf die zu untersuchende Strecke von Heilbronn bis Esslingen beziehen.

Länge.

Die Länge des sogenannten „unteren Neckars" von Mannheim bis Heilbronn, auf welcher Strecke die Kettenschiffahrt in Betrieb ist, beträgt 115 km, die Länge des „oberen schiffbaren Nekars" von Heilbronn bis Cannstatt . . . . 73 ,
und die weitere hier in Betracht kommende Strecke von Cannstatt bis Esslingen . 12 ,
so dass die Entfernung Cannstatt's von Mannheim . . . . 188 ,
und Esslingens von Mannheim gerade . . 200 ,
ist.

Die Ausdehnung des Flössereibetriebs erstreckt sich noch 145 km über Esslingen hinauf bis Rottweil.

Geognostische Verhältnisse, Geschiebeführung.

Von Esslingen abwärts durchschneidet der Neckar in seinem Laufe zunächst den Schilfsandstein und die harten Mergelbänke des Keuper bis zum Eintritt in den Diluvial-Kessel von Cannstatt, welchen er unterhalb Cannstatt verlässt um von da an ununterbrochen den Muschelkalk bis zur Alluvial-Ablagerung bei Heilbronn zu durchlaufen.

Die Sohle besteht fast durchgängig aus Geschieben von Jurakalk, Muschelkalk und Keupersandsteinen. An einigen Stellen treten die Felsen an die Oberfläche der Sohle und bilden meist Felsenschwellen mit starker Strömung. Derartige Stellen befinden sich unterhalb Lauffen, unterhalb Kirchheim, bei Benningen (sog. Strudel), Cannstatt, Oberturkheim und unterhalb des Brühls.

Ufer.

Die Flussufer sind fast überall dicht bewachsen und im Stande den Angriffen des Wassers zu widerstehen. Wo Uferabbrüche vorhanden, kommt dies von Verwahrlosung und nachlässiger Unterhaltung — welche in der Regel den Anliegern obliegt — her.

Wo dem Staate nicht aus besonderer Veranlassung (infolge von Flusskorrektionen etc.) die Unterhaltung der Ufer selbst obliegt, ist er an der Erhaltung des Uferbestandes nur in soweit interessiert, als dabei die geordnete Instandhaltung des Fahrwegs und des dem Schiffsgang dienenden Leinpfads in Frage kommt; er beteiligt sich daher in der Regel hiebei nur mit jeweils besonders festgesetzten Beiträgen.

Krümmungen.

Von den zahlreichen Krümmungen, welche der Neckar in seinem Laufe durch das Muschelkalkgebirge zwischen Cannstatt und Heilbronn macht, sind als die bedeutendsten hervorzuheben:

die Stromkrümmung bei Lauffen (Einmündung der Zaber),
die Stromkrümmung unterhalb Kirchheim, die (durch einen Schiffskanal ermässigte) Krümmung bei Besigheim,
die Stromkrümmungen bei Hessigheim,
    „   „   oberhalb Klein-Ingersheim,
die Stromkrümmung, sogenannter „Geisinger Rang", unterhalb Beibingen,
die Stromkrümmung oberhalb Poppenweiler,

die Stromkrümmung im sogenannten „Saugraben" bei Hofen;
die Stromkrümmung oberhalb Münster (bei der Ziegelhütte).

Von diesen vielen Krümmungen bieten jedoch nur die bei Lauffen, am „Geisinger Haug", am „Saugraben"- und bei Münster nennenswerte Hindernisse.

Zwischen Cannstatt und Esslingen finden sich nur die starken Krümmungen bei Mettingen und beim Brühl, die jedoch durch Benützung des Werkskanales der dortigen Spinnerei umgangen werden können.

Gefälle.

Das Total-Gefälle des Neckars beträgt von Esslingen (Auslauf des Mühlkanals)
bis Cannstatt (Oberwasser) . . . . . 13,55 m
von Cannstatt (Oberwasser)
bis Heilbronn (Unterwasser) . . . . . 65,75 m;

das durchschnittlich relative Flussgefäll ist daher

auf der Strecke Esslingen bis Cannstatt 0,0013 m
„   „   „   Cannstatt bis Heilbronn 0,00089 m

Während am „unteren Neckar" die Fahrstrasse auf ihrer ganzen Länge durch die — überhaupt nur in geringerer Zahl vorhandenen — Wasserwerke nirgends durch Wehre unterbrochen wird, finden sich im oberen Neckar Wehranlagen, von denen die meisten sich über die ganze Flussbreite erstrecken und beträchtliche Gefälle besitzen.

Diese Wasserwerksanlagen sind folgende:

Spinnerei auf dem „Brühl": konzentriertes Gefäll
für den Fahrweg . . . . 3,5 m
Ölfabrik Untertürkheim . . . . . . 1,6 „
Mahlmühle v. Stierlen, jetzt Strauss & Cie
Gypsmühle v. Ludmann in Untertürkheim} 0,75 „
Staatliche und städtische Wasserwerksanlagen in Stuttgart-Berg . . . . . 1,8 „
also für die Strecke Esslingen-Cannstatt konzentriertes Gefälle . —:- 7,65 m

ferner:
städtische Wasserwerksanlagen, Fabriken von Elsass und Landauer in Cannstatt: konzentriertes Gefäll für den Fahrweg 2,7 m
Freiherrlich von Palm'sche Mahlmühle in
Mühlhausen . . . . 2,8 „
Mahlmühle von Lauer in Aldingen . . 0,8 „
„   „   Martin in Neckargröningen 2,35 „
Säg- und Mahlmühle in Marbach . . . 2,95 „
Kunstmühle von Schmid und Bareiss in
Klein-Ingersheim . . . . 2,2 „
Säg- und Mahlmühle in Mundelsheim . . 1,45 „
Mahlmühle von Kollmar in Hessigheim . 1,35 „
Öl- und Mahlmühlen etc. von Kollmar in
Besigheim . . . . 3,4 „
Papierfabrik von Betzner in Gemmrigheim 1,5 „
Übertrag 21,5 m

Übertrag 21,5 m
Holzstoff- und Papierfabrik von Betzner
in Kirchheim . . . . 1,7 „
Gyps- und Mahlmühle in Lauffen . . . 1,5 „
Städtische Wasserwerksanlagen,
Fabriken von Rauch, Schäuffelen} in Heilbronn 3,15 „
für die Strecke Cannstatt—Heilbronn konzentriertes Gefäll . —:- 27,85 m

Nach Abzug dieses konzentrierten — mittelst besonderer Anlagen (Schleusen und Schiffgassen) überwundenen — Gefälles bleibt für die ungestauten Flussstrecken als zu bewältigendes Gefälle auf der Strecke Esslingen—Cannstatt im ganzen 5,9 m durchschnittlich relativ 0,0013
auf der Strecke Cannstatt—Heilbronn im ganzen 37,9 m
durchschnittlich relativ 0,00075

Von diesen berechneten Durchschnittsgefällen weichen indes die Gefälle in den einzelnen Flussstrecken erheblich ab (vergl. Anlage 1, betr. die Verteilung des Flussgefälles), indem sich diese einerseits bis 0,008 (am Benninger Strudel) steigern und andererseits Gefälle von 0,0001 und weniger an verschiedenen Stellen vorkommen.

Rechnet man Stellen mit mehr als 0,0014 Gefäll zu den Stromschnellen, so ergeben sich nach Anlage 1 folgende:

Stromschnelle bei Laufen
mit 0,002 Gefäll auf 1,2 km Länge.
Stromschnelle bei der „hangenden Mühle" zwischen
Lauffen und Kirchheim
mit 0,0015 Gefäll auf 0,7 „ „
Stromschnelle beim „langen Fächle" unterhalb Hessigheim
mit 0,0022 Gefäll auf 0,55 „ „
Stromschnelle bei Hoheneck
mit 0,002 Gefäll auf 0,6 „ „
Schiffgraben bei Neckargröningen
mit 0,004 Gefäll auf 0,6 „ „
Schiffsgraben bei Hofen
mit 0,003 Gefäll auf 0,1 „ „
Stromschnelle am sogenannten
„Pfarrgestad" bei Hofen
mit 0,0017 Gefäll auf 0,85 „ „

Ausser diesen längeren Schnellen sind noch etwa 40 Schnellen mit Gefällen bis zu 0,008 übrigens von nur kurzer Ausdehnung (50—300 Meter lang) vorhanden mit zusammen . . 7,6 „

Die Gesamtlänge der Stromschnellen beträgt somit 12,2 km Länge.

oder ¹/₁ der ganzen Flussstrecke, nahezu das doppelte der am unteren Neckar vorkommenden Stromschnellen.

Wasserstände.

Der Wasserstand des Neckars ist auf seinem ganzen Laufe sehr starken Wechseln unterworfen. Am „oberen" Neckar mit geringerer Wassermenge und stärkerem Gefälle macht sich dies in höherem Grade geltend als am „untern" Neckar.

Zur regelmässigen Beobachtung der Wasserstände sind am Neckar mehrere Pegelstationen errichtet und zwar in

Plochingen,
Cannstatt,
Besigheim

für den „oberen" Neckar (soweit er bei den vorliegenden Untersuchungen in Betracht kommt) und in Heilbronn,
Offenau

für den „untern" Neckar (soweit er württembergisches Gebiet berührt).

Die Wasserstandsbeobachtungen an diesen Pegelstationen finden seit einer Reihe von Jahren (in Heilbronn seit 1827) statt und zwar wird der Pegelstand bei Nieder- und Mittelwasserständen täglich einmal, bei eintretenden Anschwellungen aber vier- bis zwölfmal abgelesen und notiert.

Von besonderem Interesse sind die Grenzwasserstände d. h. die Höhe des niedersten und höchsten Wasserstandes an jeder Station. Als bis jetzt bekannter niederster Wasserstand ist derjenige vom September 1865 erhoben. Da jedoch der Niederwasserstand vom November 1884 denselben nur um Weniges (3—5 cm) überschritt, so wurde bei den vorliegenden Untersuchungen der letztere, für welchen mehr Anhaltspunkte vorhanden waren, als Grenzwasserstand nach unten angenommen.

Als oberer Grenzwasserstand ergibt sich für den ganzen Neckar der höchste Wasserstand vom Oktober 1824, des grössten Hochwassers der letzten drei Jahrhunderte.

Für die angeführten Pegelstationen ergaben sich als Grenzwasserstände folgende Pegelablesungen:

	S. W. v. 1884	H. W. v. 1824	Differenz
in Plochingen	0.42	6.00	5.58
„ Cannstatt	0.80	6.26	5.46
„ Besigheim	0.66	10.04	9.38
„ Heilbronn	0.45	6.87	6.42
„ Offenau	0.45	10.34	9.84

Wenn auch glücklicher Weise der aussergewöhnlich hohe Wasserstand von 1824 bei den neueren Hochgewässern bei weitem nicht mehr erreicht wurde, so fehlt es doch fast in keinem Jahre an Anschwellungen (über 2,5 m Heilbronner Pegel), bei welchen der Schiffahrtsbetrieb ausgesetzt werden muss. Indessen verlaufen diese Anschwellungen rasch und haben daher nur vorübergehende Störungen zur Folge. Auch die Unterbrechungen durch niedrige Wasserstände sind nicht von Belang; sie beschränkten sich in der Periode 1879/85 in Heilbronn auf 11 Tage im ganzen, wovon 7 Tage auf das Jahr 1884 und 4 auf 1885 entfallen.

Längere Unterbrechungen im Betriebe der Schiffahrt können dagegen durch anhaltende Fröste hervorgerufen werden.

In Anlage 2 Spalte 8—11 findet sich eine Zusammenstellung der Unterbrechungen, welche die Schiffahrt auf dem untern Neckar im Laufe der letzten 7 Jahre durch Eis, Hochwasser und Niederwasser erlitten hat.

Als durchschnittlicher mittlerer Jahreswasserstand berechnet sich aus den 58jährigen Beobachtungen am Heilbronner Pegel ein Stand von 1.10 m Heilbronner Pegel, was einem Pegelstande von 0,85 m in Plochingen entspricht.

Ausser diesem — zur Vergleichung der jährlichen Wasserstandsverhältnisse im allgemeinen bemerkenswerten — mittlerem Wasserstand sind für den Schiffahrtsbetrieb die nachstehenden Wasserstände sowie deren durchschnittliche jährliche Dauer von Wichtigkeit:

a) die Grenzstände für das „Mittelwasser"; hiefür können erfahrungsgemäss am Neckar angenommen werden die Stände

0,85 bis 2,50 Heilbronner Pegel
für 0,65 bis 1,85 Plochinger Pegel.

Der obere Grenzwasserstand 2,50 H. P.
1,85 Pl. P.

bezeichnet die Grenze, von welchem aufwärts der Betrieb der Schiffahrt gefährlich wird und deshalb eingestellt werden muss. Der untere Grenzwasserstand 0,85 ist insofern zu beachten, als von diesem Stand abwärts eine wesentliche Reduktion der Ladung der Neckarschiffe erfolgen muss. (In Rücksicht darauf leistet die Schleppschiffahrts-Gesellschaft in Heilbronn von 0,85 m Pegelstand abwärts 15°/₀ Rabatt vom Schlepplohntarif.)

b) die Grenzstände für das sogenannten „Niederwasser"; hiefür können angenommen werden die Pegelstände 0,45—0,85 H. P. oder 0,4—0,65 Pl. P.;

c) der mittlere Niederwasserstand d. h. der durchschnittliche Stand aus den einzelnen täglichen Niederwasserständen eines Jahres;

d) der mittlere Sommerwasserstand d. h. der durchschnittliche Wasserstand in den Monaten des grössten Schiffsverkehrs April—September jeden Jahres.

Um nun einen Vergleich darüber anstellen zu können, wie sich die Wasserstandsverhältnisse im oberen Neckar bezüglich ihres Einflusses auf den Schiffahrtsbetrieb verhalten zu denen des unteren Neckars, wurden in Anlage 2 für die Pegelstationen Offenau, Heilbronn, Besigheim und Plochingen (die Angaben des Cannstatter Pegels sind für Niederwasser nicht zuverlässig) aus den Beobachtungen der letzten 7 Jahre die auf die angeführten Wasserstände sich beziehenden Daten zusammengestellt und die Durchschnittszahlen bestimmt.

Aus dieser Zusammenstellung geht hervor:
1) dass die Wasserstandsverhältnisse in dem zum Vergleiche gewählten Zeitabschnitte der letzten 7 Jahre annähernd den — aus der 58 jährigen Zeitperiode ermittelten — durchschnittlichen Wasserstandsverhältnissen entsprechen,
2) dass der mittlere Sommerwasserstand am oberen Neckar ein günstigeres Verhältnis zum mittleren Jahreswasserstand (: 0,9 : 1) und zum mittleren Niederwasserstand (0,65 : 1) zeigt, als für den untern Neckar (0,8 : 1 und (0,6 : 1).
3) dass der Grenzwasserstand von
$\begin{cases} -:\cdot\ 0{,}85\ \text{Heilbronner Pegel} \\ -:\cdot\ 0{,}90\ \text{Besigheim} \\ -:\cdot\ 0{,}65\ \text{Plochinger} \end{cases}$
von welchem abwärts eine erhebliche Reduktion der Ladung zu erfolgen hat, unterschritten wurde in Offenau in max. an
202 Tg., durchschnittlich an .. :- 110 Tg.
in Heilbronn im max. an
194 Tg., durchschnittlich an .. :- 82 „
in Besigheim im max. an
102 Tg., durchschnittlich an .. :- 57 „
in Plochingen im max. an
200 Tg., durchschnittlich an .. :- 88 „
also am oberen Neckar nicht mehr als am unteren Neckar.

Wassertiefen.

Was nun das Verhältnis der Wassertiefen zu den entsprechenden Pegelständen betrifft, so wurde bei allen vorgenommenen Strombereisungen und Peilungen gefunden, dass der obere Neckar — was die Tiefen im Fahrwege betrifft — trotzdem dass in Ausräumungen während der letzten 10 Jahre nur das nötigste geschehen ist, im allgemeinen günstige Verhältnisse aufzuweisen hat, was den zahlreichen Einbauten zum Zusammenhalten des Fahrwassers zu verdanken ist. Selbstredend fehlt es aber doch nicht an Stellen, wo im Laufe der Zeit Kiesablagerungen stattgefunden haben, und die Wassertiefe erheblich geringer ist, als der bezeichnete Pegelstand.

Derartige Stellen, welche übrigens früher schon durch Ablagerungen sich bemerklich gemacht haben, sind hauptsächlich:
bei Southeim,
am Klingenberger Fahr,
am „wilden Saum" unterhalb Lauffen,
an der „hangenden Mühle" zwischen Lauffen und Kirchheim,
am sogenannten „Darum" (Felsen) unterhalb Kirchheim,
am „Schweinfurt" unterhalb Hessigheim,
am langen „Fächle" unterhalb Hessigheim,
unterhalb der Ingersheimer Schleuse,
oberhalb des „Geisinger Rangs",
zwischen Beihingen und Benningen,
am „Benninger Strudel" (Felsen),
bei Hoheneck und Neckarweihingen,
unterhalb Poppenweiler,
am Militär-Schiessplatz zwischen Poppenweiler und Hochberg,
am Hochberger Fahr,
unterhalb der Aldinger Mühle,
zwischen Aldingen und Hofen bei km 185,
am Auslauf des Schiffskanals in Cannstatt.

Ausgedehntere und bedeutendere Untiefen zeigen sich dagegen auf der Strecke von Cannstatt bis Esslingen an denjenigen Stellen, welche ausser Bereich des Einflusses der Stauwerke sich befinden, wie dies:
bei Untertürkheim,
unterhalb Obertürkheim,
unterhalb des Brühls (Bänke von festen Keupermergeln),
in sehr ungünstiger Weise zu Tage tritt.

Es bedarf hier noch der Erwähnung, dass zur Deckung des Kiesbedarfes für Bauzwecke sowie für die Unterhaltung des Eisenbahnkörpers an verschiedenen Stellen des Neckars namentlich aber bei Cannstatt alljährlich ganz beträchtliche Mengen von Kies ausgebaggert werden.

Derzeit finden derartige Baggerungen statt bei Cannstatt mit einem jährlichen
Aushub von ca. 12 500 cbm
bei Münster mit einem jährlichen
Aushub von ca. 25 000 „
bei Neckarweihingen und Kirchheim
mit ca. 10 000 „
bei Heilbronn mit ca. 2 000 „

jährlich zusammen circa —:- 50 000 cbm
Wenn auch derartige — sich auf kurze Strecken beschränkende — Baggerungen ihren Einfluss einerseits in unliebsamer Weise durch bedeutende Senkung des Wasserspiegels (wie dies beispielsweise unterhalb Cannstatts zu konstatieren ist) geltend machen, so hat sich dagegen gezeigt, dass dieselben auf die

andern Seite den Vorteil bringen, dass sie soviel Raum und Gelegenheit zur Ablagerung der Geschiebe schaffen, dass von grösseren Verkiesungen gegenüber von früher wenig mehr zu bemerken ist.

Geschwindigkeit des Wassers.

Die Geschwindigkeit des Wassers im Fahrweg wird meist mit der Geschwindigkeit im Stromstrich übereinstimmen müssen. Letztere zeigt sich entsprechend der grossen Veränderlichkeit des Gefälles und der Wasserstände sehr verschieden. Während dieselbe einerseits in den angestauten Strecken („Woogen") fast bis auf Null heruntersinkt, kann sie andererseits in den Stromschnellen und Schiffsgassen bei niederen Wasserständen bis auf 4 m in der Sekunde anwachsen.

Wassermengen.

Die Wassermengen, welche der Neckar abführt, wechseln nicht allein mit den Wasserständen, sondern sie ändern sich auch bei demselben Stande in den einzelnen Strecken infolge der Einmündung mehrerer Nebenflüsse.

Die Einmündungen der grösseren Seitenflüsse
Rems,
Murr,
Enz und Zaber,
Kocher und Jagst,
scheiden die Flussstrecke des Neckars von Plochingen bis zur Landesgrenze bei Böttingen in 5 Teilstrecken; innerhalb jeder einzelnen dieser Strecken kann — wenigstens für Nieder- und Mittelwasserstände — die Wassermenge ohne grossen Fehler als gleich gross angenommen werden.

Zur Bestimmung der in jeder dieser Strecken abgeführten Wassermenge wurden nun an besonders geeigneten Punkten Wassermessungs-Stationen ausgewählt.

An letzteren wurden zwei — etwa 50—100 m von einander entfernte Quer-Profile so genau als möglich aufgenommen verpflockt und mit provisorischen Pegeln versehen.

Die Geschwindigkeitsmessungen wurden — bei annähernd demselben Wasserstande — in beiden Profilen mit Hilfe eines neu beschafften hydrometrischen Flügels mit elektrischer Signalgebung ausgeführt und durch Ausgleichung der meist geringen Differenzen in den Resultaten der beiden Messungen eine genügend sichere Angabe der Wassermenge erhalten.

Um Anhaltspunkte für das zwischen Pegelstand und Wassermenge bestehende Gesetz, die sogenannte „Wassermengenkurve", zu erhalten, mussten derartige Messungen an jeder Station bei verschiedenen Wasserständen vorgenommen werden. War dieses Gesetz für jede Station hiedurch bestimmt, so bedurfte es, um die Beobachtungen der Hauptpegel auf jede Station übertragen zu können, nur der Feststellung der gegenseitigen Beziehung der Pegel unter einander, was durch längere vergleichende Beobachtungen beider ermöglicht wurde.

Die Resultate dieser Erhebungen sind in der Anlage 2 und Planbeilage III zusammengestellt und zwar gelten die Angaben der Wassermessungs-Station:

Klingenberg
für die Strecke: Jagstfeld—Besigheim.
Beibingen
für die Strecke: Besigheim—Marbach.
Hochberg
für die Strecke: Marbach—Neckarrems.
Cannstatt (Münster)
für die Strecke: Neckarrems—Plochingen.

Für den — den vorliegenden Untersuchungen zu Grunde gelegten — niedersten Wasserstand vom November 1884 ergeben sich hienach als

Kleinste Wassermengen des Neckars
für die Strecke:
Jagstfeld-Besigheim in der Sekunde —:- 16 cbm
Besigheim-Marbach . . . „ —:- 10 „
Marbach-Neckarrems . . „ —:- 9 „
Neckarrems-Plochgn. . . „ —:- 8 „

Hervorzuheben ist hier noch, dass bei lang anhaltender Trockenheit sich der Entzug von Wasser aus den Nebenflüssen zu Wässerungszwecken, sowie das Aufstauen der Wasserwerke ausser ihrer Arbeitszeit, am ganzen Neckar, insbesondere aber am oberen, in einer für die Schiffahrt höchst nachteiligen Weise fühlbar macht (vergl. in dieser Beziehung den Jahresbericht der Kettenschiffahrts-Gesellschaft Heilbronn vom Jahre 1884).

B. Schiffbarkeits-Verhältnisse des oberen Neckars.

Die im vorigen Jahrhundert auf dem mittleren Neckar betriebene Schiffahrt musste sich auf den Verkehr von Cannstatt bis Heilbronn beschränken, da die Schiffe in Heilbronn vom untern Neckar nicht in den oberen gelangen konnten. Erst durch den Bau der Heilbronner Schleuse im Jahre 1819—1821 und des Wilhelmskanals daselbst wurde der Schiffahrt des oberen Neckars der untere Neckar erschlossen und damit die Möglichkeit gegeben, sich mit den Rheinhäfen direkt in Verbindung zu setzen.

Von da an kam die Schiffahrt auf dem mittleren Neckar immer mehr in Schwung, sie erreichte ihren höchsten Stand im Jahre 1847 mit ca. 600000 Zentner Ladung zu Berg und ca. 350000 Zentner Ladung zu Thal.

Rückgang der Schiffahrt.

Mit dem Entstehen der Eisenbahnen beginnt auch der Rückgang der Schiffahrt auf dem oberen Neckar; derselbe wurde dadurch beschleunigt, dass bei der Anlage der Remsbahn nicht auf eine Verbindung mit dem Neckar Bedacht genommen wurde. Selbst Mitte der fünfziger Jahre wäre es noch Zeit gewesen, das Versäumte nachzuholen durch Anlegung eines Zweiggeleises nach dem Cannstatter Hafen.

Da es damals — wie auch heute noch — gänzlich an passender Gelegenheit zum Umschlag der Güter von der Eisenbahn auf die Wasserstrasse und umgekehrt fehlte, musste sich notgedrungen der Verkehr nach Heilbronn ziehen, wo die hiezu geeigneten Bedingungen und Hilfsmittel geboten waren.

So kam es, dass Ende der fünfziger Jahre der Handel mit Brettern aus dem württembergischen und bayrischen Oberlande, welcher einen so hervorragenden Teil der Thalfracht von Cannstatt abwärts gebildet hatte, sich mehr und mehr nach Heilbronn wendete. Heute kann konstatiert werden, dass von einer Schiffahrt auf dem oberen Neckar nicht mehr die Rede ist.

Neben den angeführten Umständen dürfte die primitive Betriebsweise der Schiffahrt eine weitere Ursache dieser Verödung der Wasserstrasse sein. Die Schiffahrt war ausschliesslich auf den wenig leistungsfähigen und theuren Leinzug und auf Schiffe mit geringer Ladungsfähigkeit (1 Schiff mit zwei Anhangnachen, ein sogenannter „Zug", hatte durchschnittlich nur 1200 Zentner Ladung) angewiesen.

Mit dem Rückgange der Schiffahrt ist denn auch rascher Mangel an geeigneter Bespannung und eingeschulter Bemannung eingetreten, so dass es heute schwer hält, geeignete Zugpferde und Mannschaft zum Schleppdienst zu erhalten.

Verkehr.

In Anlage 4 ist der jährliche Verkehr von Schiffen auf dem unteren und oberen Neckar — nach den Aufzeichnungen an den Schleusen zu Heilbronn und Besigheim — vergleichend zusammengestellt. Deutlicher kann wohl nichts den Unterschied in den Verkehrsverhältnissen der beiden Strecken, sowie den raschen und vollständigen Niedergang der Schiffahrt auf dem oberen Neckar veranschaulichen, als diese graphische Darstellung.

An dem Rückgang der Schiffahrt hat nach obigem jedenfalls der Zustand der Fahrwassers nicht allein Schuld getragen. Auch jetzt noch gestattet die Beschaffenheit desselben bei mittlerem Niederwasserstande Fahrzeuge mit ca. 1500 Ztr. Ladung zu befördern. Im Gegenteil kann gesagt werden, die Schiffahrt ist zurückgegangen, während die Fahrstrasse sich günstiger gestaltet hat.

Gegenwärtiger Zustand der Wasserstrasse.

Die Fahrtiefen lassen allerdings noch manche Wünsche übrig, die vorhandenen Tiefen stehen jedoch, wie dies schon oben hervorgehoben, hinter denen des unteren Neckars, wo doch jetzt die Schiffahrt wieder lebhaft betrieben wird, im ganzen nur wenig zurück.

Auch auf dem unteren Neckar ist in den 70er Jahren die Schiffahrt stetig zurückgegangen (wie dies aus Anlage 4 ersichtlich); aller Wahrscheinlichkeit nach würde sie heute dort ebenso brauch liegen, wenn sie nicht durch Einführung der Kettenschiffahrt einen weiten und nachhaltigen Anstoss erhalten hätte.

Ein wesentliches Erschwernis für den Schifffahrtsbetrieb bieten im oberen Neckar die zahlreich eingebauten Stau- und Werkaanlagen (vergl. oben S. 1). Zur Passierung derselben wurden im Laufe der Jahre Schleusen und Schiffsgassen angelegt, (die letzten erst Ende der 50er Jahre) und zwar befinden sich Schleusen in Kirchheim, Gemmrigheim, Besigheim, Hessigheim, Ingersheim, Marbach und schliessbare Schiffsgassen in Lauffen, Mundelsheim, Neckarrems, Hofen.

Die Dimensionen der Schleusen und Schiffsgassen wurden nach den damaligen grösseren Neckarschiffen bemessen. Die lichte Weite der Schleusen an den Thoren, sowie die Fallenweite an den Schiffsgassen beträgt hiernach 16' württemb. oder 4.6 m; die nutzbare Länge der Schleusen 35—40 m.

Mit wenigen Ausnahmen sind die Schleusen und Schiffsgassen gut gebaut und in ordentlichem Stande erhalten. Soweit dieselben belassen werden, steht ihrer Benützung durch kleinere Fahrzeuge nichts im Wege.

Zur Instandhaltung der Fahrstrasse samt den zugehörigen baulichen Anlagen werden zurzeit jährlich etwa 20 000 Mark aufgewendet.

C. Schiffahrtsbetrieb.

Der Betrieb der Schiffahrt auf dem oberen Neckar hat seit ihrem Anfang keinen wesentlichen Fortschritt gemacht, und doch wäre der grösste Teil der seitherigen Schwierigkeiten für die Schiffahrt gehoben, wenn es gelingt, eine Betriebsweise zu schaffen, vermöge welcher die vorkommenden Stromschnellen, Brücken und Krümmungen mit Leichtigkeit und Sicherheit durchfahren werden.

Als eine solche verbesserte Betriebsweise kann hier im Hinblick auf die am unteren Neckar damit erzielten Erfolge und wegen der Vorteile eines gleichartigen Betriebs auf dem ganzen schiffbaren Neckar nur die **Schleppschiffahrt an versenkter Kette** in Betracht kommen.

Leistungsfähigkeit der Betriebsmittel, Schleppschiffe.

Was die Frage betrifft, wie die Kettenschiffahrt auf dem oberen Neckar am zweckmässigsten einzurichten wäre, so ist vor allem der schon ausgesprochenen Ansicht entgegen zu treten, dass der Betrieb der Schiffahrt auf dem oberen Neckar mit leichteren Mitteln bewerkstelligt werden könnte, als auf dem unteren Neckar.

Es wird zwar der Verkehr auf dem oberen Neckar immer erheblich gegenüber demjenigen auf dem unteren Neckar zurücktreten und werden daher die Schlepper gewöhnlich mit nicht besonders grossen Zügen belastet sein.

Allein bei der Ungleichmässigkeit des Güterzuflusses darf man überhaupt nicht an eine gleichmässige Verteilung des Transportquantums denken; es können Zeiten mit bedeutendem Andrange eintreten und müssen die Betriebsmittel so bemessen sein, dass sie für den letzteren Fall genügen.

Da nun angestellte Berechnungen ergeben haben, dass der Zugwiderstand in den starken Gefällen des oberen Neckars Schlepper von derselben Leistungsfähigkeit beansprucht, wie die der unter günstigeren Verhältnissen arbeitenden am untern Neckar und da auch die Anforderungen an die zulässige Eintauchung der Schleppdampfer auf beiden Strecken dieselben sind, so werden die den oberen Neckar befahrenden Schlepper dieselbe Konstruktion erhalten müssen, wie die des unteren Neckars.

Dasselbe gilt von der Stärke der zu versenkenden Kette, welche nach dem zu überwindenden Zugwiderstand sich zu richten hat und demgemäss auch für den oberen Neckar 1zöllig (25 mm) anzunehmen sein wird.

Tragfähigkeit der Frachtschiffe.

Ein weiterer Umstand, welcher auf die Entwicklung der Schiffahrt von wesentlichem Einfluss ist und daher ganz besondere Beachtung verdient, ist die Bauart und **Tragfähigkeit der Fahrzeuge.** Entsprechend der seitherigen primitiven Betriebsweise sind die Neckarschiffe zu klein und schwer gebaut.

Die grössten Schiffe, welche früher den oberen Neckar befuhren, hatten bei einer Länge von 32—35 m eine Breite von 4,5 m und einen Tiefgang von 0,84 m, eine Ladungsfähigkeit von 1200 Zentner. Um diese Ladung zu vergrössern hatte jedes Schiff einen Anhang von 2 Nachen mit einer Tragkraft von 500—800 Zentnern. Die meisten Schiffe, welche den oberen Neckar passierten, hatten jedoch nur 4,2 m Breite und 0,75 m Tiefgang.

Da überdies selbst bei Mittelwasserständen die Schiffe bei der Bergfahrt selten volle, sondern nur ⅔ Ladung hatten, so belief sich die durchschnittliche Ladung eines Zuges nicht höher als auf 1200 Zentner.

Nun ist klar, dass je geringer die Tragfähigkeit eines Schiffes ist, um so höher sich die Anschaffungs- und Bemannungskosten für den Zentner Fracht stellen.

Welche bedeutenden Vorteile die Benützung grösserer, flachgebauter Fahrzeuge bringt, erhellt aus nachstehendem Vergleiche:

Eintauchung	1,2 m	1,0 m	0,80 m	0,60 m
Ein Fahrzeug 35 m lang, 4,5 m breit hat eine Tragfähigkeit in Zentnern .	2140	1630	1100	590
Ein Fahrzeug 45 m lang, 6,5 m breit hat eine Tragfähigkeit in Zentnern (rund)	5000	4000	3000	2000

Das Bestreben der Schiffer muss sich unter diesen Umständen von selbst darauf richten, die kleineren Schiffe durch möglichst grosse zu ersetzen. Am untern Neckar müssen denn auch bereits die kleineren Schiffe den grösseren, mit denen sie nicht mehr konkurrieren können, weichen.

Es geht dies aus nachstehender Zusammenstellung hervor:

Im Jahre	1879	1880	1881	1882	1883	1884	1885
betrug die Anzahl der Schiffe von 500—1500 Zentner Tragfähigkeit . . .	91°/o	91°/o	88°/o	84°/o	77°/o	72°/o	58°/o

der Gesamtzahl der auf dem untern Neckar verkehrenden Fahrzeuge.

Für den oberen Neckar erheischt die Einführung des Schleppdienstes ganz besonders die Verwendung grösserer Fahrzeuge, indem die ungünstigen Fluss- und Gefälls-Verhältnisse sowie die Rücksicht auf den Betrieb der Flösserei kaum Züge mit mehr als 3 grossen und 3 kleinen Schiffen gestatten werden. Zudem wird man bei Benützung grösserer Fahrzeuge mit denselben nicht auf den Neckar allein angewiesen sein und hiedurch direkte Bezüge und Ersparnis an Umladekosten ermöglichen.

Für den Neckar — und zwar sowohl für den untern wie für den obern — erscheinen Schiffe von 2500—4000 Zentner Tragfähigkeit — wie solche in letzter Zeit mehrfach auf der Schiffswerfte Neckarsulm gefertigt worden — als geeignete und nutzbringende Fahrzeuge.

Fahrzeit.

Es fragt sich nun, welche Zeit zur Beförderung der Fahrzeuge von Heilbronn bis Cannstatt beziehungsweise Esslingen erforderlich ist.

Die mittlere Geschwindigkeit des Kettenschiffes im freien Flusse kann zu 4,5 Kilometer pro Stunde angenommen werden, sonach erfordert das Zurücklegen der Strecke Heilbronn—Cannstatt—Berg für einen Schleppzug einen Zeitaufwand von 16^1/$_2$ Stunden hiezu kommt der Aufenthalt an 8 Schleusen

à ^{3}/$_4$ Stunden . . . . 6 Stunden
für Aufenthalt an den Schliessungen,
Schiffsgassen, Kreuzungen . . . . 1^1/$_2$ „
im ganzen . . . . . . 24 Stunden
oder 2 Tage.

Die Thalfahrt kann im freien Flusse mit mehr als doppelter Geschwindigkeit erfolgen.

Die Fahrzeit beträgt daher von Cannstatt—Heilbronn . . . . 8^1/$_2$ Stunden
Aufenthalt an 8 Schleusen à ^{1}/$_4$ Stunde 2 „
Aufenthalt bei Kreuzungen etc. . . 1^1/$_2$ „
im ganzen . . . . . . 12 Stunden
oder 1 Tag;

so dass die Reise eines Schleppschiffes von Heilbronn—Berg und zurück etwa 3 Tage in Anspruch nähme.

Sieht man von der Strecke Cannstatt—Esslingen, deren Betrieb zweckmässig sekundär und für sich zu erfolgen hätte, ab, so entsprechen die „virtuellen" Längen und Fahrzeit-Verhältnisse für die Strecke Heilbronn—Berg genau denjenigen der Strecke Mannheim—Heilbronn des untern Neckars.

D. Anforderungen des Betriebs an die Wasserstrasse.

Im allgemeinen.

Gegenüber der starken Konkurrenz, welche den Wasserwegen durch die Entwicklung der Eisenbahnen erwachsen ist, muss eine Wasserstrasse, wenn sie leistungsfähig sein soll, billige Frachten und einen stätigen, ununterbrochenen, gesicherten Transport ermöglichen.

Dieses Ziel ist nur dann in vollständiger Weise zu erreichen, wenn die Wasserstrasse bei jedem Wasserstande in gleich guter Weise benutzbar ist und von Schiffen von möglichst grosser Tragkraft befahren werden kann.

Wenn den Voraussetzungen eines solch idealen Schiffahrtsbetriebes überhaupt in den wenigsten Fällen wird in Wirklichkeit entsprochen werden können, so liegen insbesondere die Verhältnisse bei der Neckarwasserstrasse derart, dass man zuversichtlich sagen kann, bei ihr werde dieser Zustand nicht wohl zu erreichen sein.

Für die Bedürfnisse des Neckargaues, insbesondere des oberen Neckars, genügt es jedoch, wenn Schiffe bis zu 4000 Zentner Tragfähigkeit — welche eventuell auch für den Rhein noch verwendbar sind — den Neckar befahren können.

Solche auf der Werft in Neckarsulm gefertigten Schiffe haben einen Maximal-Tiefgang von 1.2 m, erreichen aber bei 1 m Tiefgang schon eine Ladungsfähigkeit von 4000 Zentnern.

Hienach muss eine Wassertiefe von 1,2 m für die Neckarschiffahrt jedenfalls genügend erscheinen.

Diese Wassertiefe erreicht aber der Neckar in seinem gegenwärtigen Zustande selbst bei Mittelwasserständen nur annähernd. Aus den 55jährigen Pegelbeobachtungen in Heilbronn geht hervor, dass in dieser Periode der Wasserstand von 0,9 m Heilbronner Pegel am häufigsten eingetreten ist. Es stellt sich deshalb für den Neckar die Aufgabe, denselben in solchen Stand zu setzen, dass die Wassertiefen im Fahrwege der Schiffe mit diesem Wasserstande möglichst übereinstimmen.

Da aus den eingangs erwähnten Gründen von einer Kanalisierung des Neckars Abstand genommen werden muss, so wird man sich darauf zu beschränken haben, die Wasserstände des oberen Neckars in thunlichste Übereinstimmung mit denen seines Unterlaufs zu bringen.

Der gegenwärtige Zustand der Wasserstrasse des oberen Neckars ist im Längenprofil (vergl. Planbeilage II) sowie in den verschiedenen Querprofilen zur Darstellung gebracht und zwar bei ungünstigem Wasserstande (Niederwasser vom November 1894).

Erforderliche Wassertiefe.

Dieser Wasserstand entsprach am Neckar einem durchschnittlichen Pegelstand von 0,50 m. Setzt man nun voraus, dass die Schiffer in Mannheim — wie dies für den untern Neckar vorgeschrieben — nach dem Stande des Heilbronner Pegels laden, d. h. dass die Schiffe nur soviel Ladung erhalten, dass ihr Tiefgang dem Stande des Heilbronner Pegels entspricht, so fragt es sich, um wie viel muss die Wassertiefe im Fahrweg grösser sein als der bezügliche Pegelstand, damit die Schiffe mit der in Mannheim eingenommenen Ladung unbehindert an ihren Bestimmungsort im oberen Neckar gelangen können.

Da indess die Fahrzeit der Schiffe für eine Reise von Mannheim nach Cannstatt bezw. Esslingen nach obigen Berechnungen mindestens 4 Tage beträgt, so kann es leicht vorkommen, dass während dieser Zeit das Wasser in ungünstiger Weise abnimmt.

In Rücksicht auf das rasche Abnehmen der Wassermenge bei niederen Wasserständen, sowie auf den — schon erwähnten — nachteiligen Einfluss der Benützung des Wassers der Nebenflüsse zu Wässerungszwecken und des zeitweisen Zurückhaltens des Wassers bei den zahlreichen Wasserwerken erscheint es auf dem oberen Neckar angezeigt der Wassertiefe im Fahrweg einen Zuschlag von 0,2—0,3 m zum Pegelstand zu geben, damit die Schiffe unbehindert auch die seichteren Stellen passieren können.

Soll also der obere Neckar in derselben Weise schiffbar sein, wie der untere Neckar, so ergibt sich die Aufgabe:

für den zu Grunde gelegten niedersten Wasserstand vom November 1884 = 0,50 m mittlerer Pegelstand eine Fahrtiefe von mindestens 0,75 m zu beschaffen.

E. Mittel zur Erreichung und Erhaltung der nötigen Fahrtiefe.

Im grossen und ganzen ist diese Fahrtiefe von 0.75 m am oberen Neckar vorhanden, nur an einzelnen Stellen, insbesondere den Stromschnellen mit bedeutenderen Gefällen, fehlt sie.

Regulierung und Baggerung.

Die Vermehrung der Wassertiefe an diesen Stellen ist nur zu erreichen, teils durch Entfernung der hinderlichen Rücken mittelst „Baggerung", teils durch „Regulierung", d. h. dadurch, dass man mittelst Ausbauten der Ufer oder Herstellung von Einbauten (von mässiger Höhe) in das Flussbett das Wasser im Fahrweg zusammenhält und dasselbe veranlasst, vermöge der Vermehrung seiner Strömung die hervorragenden Kiesbänke selbst wegzunehmen und an passenden Stellen ausserhalb des Fahrwegs wieder abzulagern.

Bestimmung der Stromrinnenprofile.

Aus Anlass der beabsichtigten Regulierung von Flüssen werden in neuerer Zeit vielfach, mit grossem Aufwande sogenannte „Normalprofile" für die anzustrebende Gestaltung des Flusses bestimmt[1]).

Wenn schon im allgemeinen stark in Zweifel gezogen werden muss, ob so bedeutende Umgestaltungen eines Flusses, wie sie eine systematische Regulierung erfordert, auf längere Strecken ratsam und ob die angestrebte Verteilung der vorhandenen verschiedenen Gefälle wirklich gleichmässig und bleibend zu erreichen ist, so ist für den oberen Neckar von der Möglichkeit, die Gefällsverhältnisse auf längere Strecken auszugleichen, im Hinblick auf die Beschaffenheit der Fluss-Sohle (auf Felsen gelagerter Kies), welche die notwendigen erheblichen Vertiefungen nicht zulässt, ganz abzusehen; dagegen kann darauf hingewirkt werden, dass dies

[1]) Vergl. die Bestimmung der Normalprofile für die Elbe. Magdeburg 1865.

in den einzelnen Strecken auf kürzere Ausdehnung geschieht und zu starke Gefälle vermindert werden.

Unter diesen Umständen wäre es wertlos, für jede der Hauptstrecken des oberen Neckars mit annähernd gleicher Wassermenge ein Normalprofil zu bestimmen, dagegen wurden — als besonders massgebend für die Schiffahrt — die erforderlichen Wasserquerschnitte für das Niederwasser, den verschiedenen vorkommenden Gefällen entsprechend, ermittelt (vergl. Anlage 4).

Bei der Feststellung der Form, in welcher die ermittelten Querschnitte angewendet werden sollen, ist im allgemeinen an nachstehenden Bedingungen festgehalten worden:

1) beim niedrigsten Wasserstande soll auf die für den Fahrweg erforderliche Breite durchweg eine Tiefe von mindestens 0,75 m vorhanden sein,

2) das Profil der Stromrinne muss derart gestaltet sein, dass bei höheren Wasserständen weder Geschiebeablagerungen, noch Sohlenvertiefungen in derselben entstehen können,

3) die Profile müssen praktisch ausführbar sein und sich den örtlichen Verhältnissen möglichst anschliessen.

Leider gibt uns zur exacten Ermittlung eines zweckentsprechenden Flussprofils weder die Wissenschaft noch die Praxis ein allgemein giltiges Gesetz über die gegenseitigen Beziehungen zwischen Abflussmenge und Abflussprofil an die Hand; man ist vielmehr nur auf Folgerungen angewiesen, welche aus einzelnen Messungen abgeleitet und vielfach in die abweichendsten Formen gekleidet worden.

Gegenwärtig ist die komplizierte Formel von Ganguillet und Kutter:

mittlere Geschwindigkeit

$$v = \frac{23 + \frac{1}{n} + \frac{0{,}00155}{I}}{1 + \left(23 + \frac{0{,}00155}{I}\right)\frac{n}{\sqrt{R}}}\sqrt{R \cdot I}$$

wo I das Gefäll des Flusses,
R die mittlere Wassertiefe,
n den sogenannten „Rauhigkeitscoefficienten" bedeutet,
beliebt und gilt als die der Wirklichkeit am nächsten kommende. Sie soll daher auch für die nachstehenden Berechnungen angewendet werden, obwohl sie wahrscheinlich nicht ganz für die Abflussverhältnisse des obern Neckars passt.

Da für ein bestimmtes Flussprofil R und I bekannte Grössen sind, so fehlt zur Bestimmung von v nur die Kenntnis der Grösse des Rauhigkeitscoefficienten n.

Zur Ermittlung des letzteren wurden die Resultate der vorgenommenen Wassermessungen benützt.

In Anlage 2 findet sich in Spalte 11 eine Berechnung der den direkten Erhebungen entsprechenden Grösse von n und zwar ergab sich

für den niedrigsten Wasserstand . $n = 0.037$.
„ mittleren Niederwasserstand . $n = 0.030$.
„ „ Sommer . . . $n = 0.028$.
„ „ Jahres . . . $n = 0.025$.

Hieraus konnten in Anlage 4 für verschiedene Gefälle die erforderlichen Wasserquerschnitte für den niedrigsten Wasserstand sowie unter Zugrundlegung einer gleichmässigen Wassertiefe von 0,75 m die entsprechenden mittleren Breiten der Stromrinnen bestimmt werden.

In Rücksicht darauf, dass zum ungehinderten Befahren der Stromrinne, namentlich auch zum Ausweichen der Schiffe und Flösse, genügender Raum im Fahrweg vorhanden sein muss, ist die Festsetzung eines Minimalmasses für die Breite der Fahrrinne angezeigt.

Für die Strecke Heilbronn—Besigheim, auf welcher die Flösserei noch lebhafter betrieben wird, muss eine Breite von 25 m (im Wasserspiegel) und für die oberen Strecken von Besigheim—Esslingen eine Breite von 20 m als das geringste zulässige Mass für die Stromrinne bezeichnet werden, wenn die Schiffahrt soll ungefährdet betrieben werden können.

Diesen Minimalmassen von 25 m bezw. 20 m für die Breite des Fahrwassers entspricht eine mittlere Profilbreite der Stromrinne von 23 bezw. 18 m.

Aus der Zusammenstellung in Anlage 5 ist ersichtlich, dass diese Minimalmasse nicht erreicht werden:

auf der Strecke:
Heilbronn—Besigheim
in Gefällen von mehr als . 0.0016 m
Besigheim—Marbach
in Gefällen von mehr als . 0,0012 m
auf der Strecke:

Marbach—Neckarrems
in Gefällen von mehr als . 0,0009 m
Neckarrems—Esslingen
in Gefällen von mehr als . 0,0007 m;
es wird also in den genannten Gefällen durch Einschränkung allein die angestrebte Fahrtiefe nicht erreicht werden können.

Um letzteres zu ermöglichen, muss zu einem andern Mittel gegriffen werden.

Bei aufmerksamer Betrachtung des Längenprofils des oberen Neckars (vergl. Planbeilage II) springt als besonderes Merkmal der staffelförmige Lauf des Flusses in die Augen. Abgesehen von den künstlich eingeschalteten Treppen, setzt sich der Lauf des Neckars aus kürzeren oder längeren Haltungen mit geringem Gefälle — welche durch eine natürliche Schwelle hervorgerufen sind — und steilen Rampen, welche von Haltung zu Haltung führen, zusammen.

Während nun in den Haltungen die nötige Fahrwassertiefe reichlich vorhanden ist, fehlt diese in den steilen Rampen infolge der raschen Wasserabführung in denselben.

Es liegt nun der Gedanke nahe, diese von Natur geschaffenen Wasserreservoire zu benützen und von deren meist reichlichem Vorrat im gegebenen Falle die Rampen zu speisen.

Da dieser Fall nur bei anhaltend niederen Wasserständen eintreten wird, so muss die zu treffende Vorrichtung bei abnehmendem Wasserstande jederzeit angewendet und bei zunehmendem Wasserständen wieder ausser Wirkung gesetzt werden können.

Art und Anordnung der Schliessungen.

Denkt man sich eine Stromrinne von etwa 20 m Breite an ihrem oberen Ende auf 15 m zusammengezogen — auf eine kurze Strecke wird diese Mehr-Einschränkung für den Schiffahrtsbetrieb nicht nachteilig sein — und daselbst eine bewegliche Stauvorrichtung als Schliessung derart angebracht, dass bei niedern Wasserständen ein Teil der Öffnung abgesperrt werden kann, so wird durch die Reduction der Durchflussöffnung in der oberen Haltung eine ansehnliche Anstauung hervorgerufen und ein solcher Wasservorrat angesammelt, dass den die Stromrinne passierenden Schiffen beim Durchfahren derselben die mangelnde Wassermenge zugeführt werden kann.

Zur Darlegung der genannten Einrichtung an einem Beispiel wurde die ungünstigste Stelle, nemlich die Stromschnelle bei Unterfürkheim mit 0,0035 m Gefäll, welche mittelst einer Schliessung auch bei dem niedersten Wasserstande passierbar gemacht werden soll, herausgegriffen.

Nach Anlage 4 ist für dieses Gefäll bei niedrigstem Wasserstande ein Wasserquerschnitt von 5,8 qm vorhanden. Wird die Stromrinne auf das Mindest-Maass von 18 m mittlerer Breite eingeschränkt, so wird sich in der Stromrinne auf diese Breite noch eine gleichmässige Tiefe von $\frac{5,8}{18} =$ 0,32 m einstellen.

Zur Erlangung der angestrebten Tiefe von 0,75 m. bezw. 0.70 m, wenn die verglichene Tiefe des Profils in Rechnung genommen wird, fehlen also noch 0,38 m. d. h. zur Vervollständigung des nötigen Wasserquerschnittes bedarf es — da e nach Anlage 5 für ein Gefäll von 0,0035 = 1,37 m in noch eines Wasserzuschusses von $q = 18 \cdot 0.38$. 1,37 = 9,4 cbm pro Sekunde aus der oberen Haltung.

Durch die Einsetzung der Schliessung kann die obere Haltung um 0,80 m angestaut werden, so dass im vorliegenden Falle bei einer Breite des Stauwasserspiegels = 40 m und einer Stauweite = 2000 m eine Wassermenge von $\frac{2000 \cdot 40 \cdot 0,8}{2} =$ 32000 cbm zur Verfügung steht, welche es ermöglicht, während einer Zeit von $\frac{32000}{9.4 \cdot 60} = 54$ Minuten die Schiffsgasse zu speisen.

Zwei Mauerkörper sind einerseits in das Ufer, andererseits in die Flusszeile so eingesetzt, dass sie eine Öffnung von 15,2 m im Lichten frei lassen. Bei günstigem Wasserstande ist die ganze Öffnung frei. Tritt Wassermangel in der Gasse ein, so wird vom Ufer aus ein in die Sohle niedergelegter eiserner Bock aufgerichtet und mit dem Landpfeiler durch Ketten und Drehsteg verbunden.

Alsdann wird die erste, rechtseitige Öffnung am Ufer durch Dammbalken, soweit als zunächst erforderlich scheint, abgeschlossen. Kommt nun ein Schleppzug zu Berg oder ein Schiff zu Thal, so können mittelst eines Hebels und einer besonders konstruierten Stützvorrichtung die Dammbalken leicht nach einander herausgenommen und hiedurch der erforderliche Wasserzuschuss abgelassen werden.

Nach Passierung der Schiffe durch die linksseitige 10 m weite Öffnung wird dann die andere Seitenöffnung wieder geschlossen. Geht das Wasser noch weiter zurück, so wird ein weiterer in der Mitte der grösseren Öffnung liegender Ständer sammt Stützvorrichtung (nach der Konstruktion des Ingenieurs Girardon) aufgerichtet und durch eine Kette mit dem Drehstege verbunden. Alsdann können alle drei Öffnungen nach Bedürfnis mit Dammbalken abgeschlossen werden.

Um einen Schiffzug zu Berg oder ein Schiff zu Thal die Schliessung passieren zu lassen, ist der kleine (Girardon) Ständer mittelst der Kette vom Drehsteg aus umzulegen, wodurch die Dammbalken seitwärts aufschlagen und die Mittelöffnung nebst der linkseitigen Öffnung frei machen.

Die Dammbalken sind mit Ketten an die Mauerpfeiler und den Bock gehängt und ist dadurch deren Forttreiben verhindert.

Nach Passierung des Schiffszuges müssen sodann der Mittelständer wieder aufgerichtet und die Öffnungen wieder abgeschlossen werden; natürlich kommt es hiebei nicht auf einen dichten Abschluss an.

Tritt nun bei aufgerichteter Schliessung eine stärkere Anschwellung des Neckars ein, so müssen sämmtliche Öffnungen frei gemacht und die Ständer niedergelegt werden, was in sehr kurzer Zeit geschehen kann. Bei kleineren Anschwellungen dagegen hat es nicht viel zu sagen, wenn eine Öffnung noch abgeschlossen ist. Die obere von der Schliessung ausgehende und am Ufer anschliessende Zeile muss, um für höhere Wasserstände den nötigen Abfluss-Querschnitt zu beschaffen, eine genügende Länge erhalten und — da dieselbe dem Übersturz des Wassers und den Eisgängen sehr ausgesetzt ist, auch in hinreichender Stärke dauerhaft angelegt werden. Durch Einlegung von Querbauten ist überdies die Gewalt des Übersturzes zu ermässigen.

Die untere, von der Schliessung ausgehende Zeile ist so kurz als möglich zu machen.

Die gewählte Anordnung hat bei geringen Stauhöhen vor anderen Konstruktionen beweglicher Stauvorrichtungen, namentlich vor Nadelwehrabschlüssen, entschiedene Vorzüge und zwar:

1) gestattet sie einen Überfall der Oberwassers und ist somit die Regulierung der Wasserstände weniger oft nötig und leichter auszuführen,

2) ist die Handhabung eine viel einfachere; das Niederlegen und Aufrichten kann weit rascher erfolgen,

3) können die Wärter am Neckar mit den Dammbalken vorzüglich umgehen, während ihnen andere Konstruktionen fremd sind. — Die Flüsse fahren bei aufgerichteter Schliessung entweder durch die mittlere, oder besser durch die Öffnung neben der Zeile; wo es die Richtung der Flossfahrt bedingt, können sie aber auch durch die Öffnung am Lande durchfahren. Zum Durchlassen der Flösse genügt das Beseitigen einiger Dammbalken.

Um zu zeigen, bei welchen Wasserständen und in welchem Umfang eine Schliessung in Wirkung zu treten hat, wurde die sekundliche Durchflussmenge durch die Schliessung bei verschiedenen Abschlüssen bestimmt und sodann die den Wassermengen entsprechenden Pegelstände ermittelt, wie nachstehende Figur zeigt.

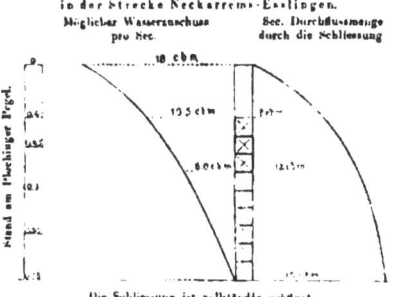

Schliessung
in der Strecke Neckarrems-Esslingen.
Möglicher Wasserzuschuss   Sec. Durchflussmenge
pro Sec.   durch die Schliessung

Die Schliessung ist vollständig geöffnet.

Aus dieser Darstellung ergibt sich, dass bei einem Wasserstand = 0,58 m Plochinger Pegel die Schliessung erst in Wirkung zu treten hat und zwar genügt bis zu 0,48 m Pegelstand die Abschliessung einer Öffnung (wobei 6 cbm pro Sek. Wasserzuschuss abgegeben werden können). Erst von 0.48 m Pegelstand an sind in die andern Öffnungen Balken einzulegen. Man sieht hieraus, dass selbst in dem gewählten ungünstigsten Fall die Schliessung nur bei sehr niederen Wasserständen in Wirkung zu treten hat und dass ein Abschliessen der Durchfahrts-Öffnung — welches allein Umstände verursacht — in den seltensten Fällen, z. B. bei so ausnehmend niederen Wasserständen, wie sie der Sommer 1865 und der Herbst 1884 brachten — nötig wird.

Unter allen Umständen ist aber die Möglichkeit gegeben, mittelst der Schliessung kräftige Nachhilfe für das Fahrwasser zu schaffen.

Zusammenstellung der erforderlichen Schliessungen.

Es erübrigt noch die Anzahl der Schliessungen, sowie die Stellen, wo dieselben nötig werden, anzugeben.

Dabei wird davon ausgegangen, dass solche künstliche Anlagen nicht überall schon da angewendet werden sollen, wo nach der tabellarischen Zusammenstellung in Anlage 4 die angenommene Normalbreite der Stromrinne nur um weniges zu gross ist, um bei dem vorhandenen Gefäll die geringste Wassertiefe von 0,75 m besitzen zu können, sondern erst dann, wenn die aus der Rechnung sich ergebende Beengung der Fahrrinne zur Erzeugung dieser Wassertiefe mindestens 3 m hinter der Normalbreite zurückbleibt.

Es findet diese Abweichung von den theoretischen Ermittlungen darin ihre Rechtfertigung, dass die verlangte Wassertiefe von 0,75 m nicht in der ganzen Profilbreite vorhanden sein muss, da in solchen Stromschnellen keine Begegnung von Schiffen stattfinden soll; nach lässt sich bei Eintritt sehr niedern Wasserstands an solchen Stellen mit Baggerungen nötigenfalls nachhelfen.

Demnach wären nach Anlage 4 und unter Berücksichtigung des vorstehenden, künstliche Stauvorrichtungen zur Wasseransammlung nötig:

II. 21

Fluss Strecke	No. der Schliessung	Lage der Schliessung	Gefäll der anschl. Stromschnelle	Wasservorrat in der oberen Haltung	Erforderl. Wasserzuschuss in der Schnelle	der Erforderl. Wasserzuschuss kann gegeben werden	Bemerkungen
Heilbronn bis Besigheim	No. 1. 20 m weit	bei km. 132,92 („hangende Mühle")	0,0014	35 000 cbm.			nur ausnahmsweise nötig bei vorkommenden Kiesablagerungen in der Stromrinne.
	No. 2. 20 m weit	bei km. 134,48	0,0023	17 000 „		desgl.	
	No. 3. 15 m weit	bei km. 144,46	0,0025	16 000 „	4,7 cbm. pro Sek.	1 Stunde	
Besigheim bis Marbach	No. 4. 15 m weit	bei km. 140,15	0,0022	16 000 „	3,7 cbm.	46 Min.	
	No. 5. 15 m weit	bei km. 156,64	0,0012	12 000 „			Die Schliessung dient mehr zur Ermässigung des Gefälles der oberhalb liegenden Stromschnelle.
Marbach bis Neckarrems	No. 6. 15 m weit	bei km. 160,97 („Henninger Strudel")	0,003	6 000 „ Nötigenfalls durch höheren Anstau zu vermehren.	4,3 cbm.	24 Min.	
	No. 7 15 m weit	bei km. 167,5	0,002	12 000 cbm.	4,1 „	50 Min	
Neckarrems bis Esslingen	No. 8. 15 m weit	bei km. 185,4	0,0017	14 000 „	4,0 „	1 St.	
	No. 9. 15 m weit	bei km. 187,78	0,0011				Diese Schliessung dient zur sicheren Erhaltung der Fahrtiefe am Auslaufe des Cannstatter Schiffskanals und des daselbst anzulegenden untern Hafens.
	No. 10. 15 m weit	bei km. 192,6	0,0017	8 000 cbm.	4,0 cbm.	35 Min.	
	No. 11. 10–15 m weit (In Verbindung mit einer Wehr-Anlage)	bei km. 193,63	0,0035	30 000 cbm.	9,4 cbm.	54 Min.	

Da der Neckar unterhalb Besigheim infolge seiner Vereinigung mit der Enz einen erheblichen Wasserzufluss erhält, so wird bei den auf der Strecke Besigheim—Heilbronn vorgesehenen Schliessungen selbst bei kleinstem Wasserstande das Abschliessen einer Öffnung genügen. Es empfiehlt sich deswegen bei den Schliessungen 1 und 2 (zwischen Lauffen und Kirchheim) die lichte Weite der Schliessung = 20,2 m anzunehmen und den Girardon'schen Ständer so gegen die Zeile zu rücken, dass daselbst eine abschliessbare Öffnung von 5 m Weite entsteht.

Schliessungen auf der Strecke Heilbronn-Besigheim

In der Handhabung der Schliessung tritt nur der Unterschied ein, dass die Mittelöffnung nicht abgeschlossen werden kann und dass das Umlegen des Ständers entweder von der Zeile aus oder mittelst eines längeren, in die Sohle versenkten Drahtseiles vom Ufer aus erfolgen muss.

Diese Abänderung kann sowohl für den Schifffahrtsbetrieb als auch für den freien Abfluss des Wassers bei höheren Wasserständen nur von günstiger Wirkung sein.

Die Kosten einer derartigen Schliessung werden betragen:

Grabarbeit	900 ℳ
Spuntwände	2300 „
Beton-Arbeit	5400 „
Maurer- und Steinhauer-Arbeit	1000 „
Pflasterungen	300 „
Eiserne Ständer	950 „
Schmied-Arbeit	250 „
Dammbalken	100 „
Insgemein	1800 „
Summe:	13000 ℳ

F. Anlagen zur Überwindung der Wehrgefälle.

Nachdem im vorstehenden die Möglichkeit der Beseitigung der sich der Schiffahrt im freien Flusse entgegenstellenden Schwierigkeiten und Hindernisse, unter Angabe der hiezu in Anwendung zu bringenden Mittel, dargelegt ist, sind nun diejenigen Anlagen zu beschreiben, welche es den Schiffen ermöglichen sollen, die in den bestehenden Stauanlagen konzentrierten starken Gefälle zu bewältigen. Die im obern Neckar vorhandenen und in Betracht zu ziehenden Stau- und Werks-Anlagen sind schon auf Seite 13 einzeln aufgeführt worden.

Beschreibung der bestehenden Anlagen.

Es wurde schon hervorgehoben, dass zur Überwindung der auf der Strecke von Heilbronn bis Cannstatt vorhandenen Wehrgefälle von 0,8 m bis 4 m Höhe:
4 schliessbare Schiffsgassen in Lauffen, Mundelsheim, Neckarrems und Hofen, und 1 offene Schiffsgasse in Aldingen, sowie 6 Kammerschleusen in Kirchheim, Gemmrigheim, Besigheim, Hessigheim, Ingersheim, Marbach angebracht sind.

Diese — meist auf eine Breite von 16 Fuss = 4,6 m angelegten Bauten, vermögen einem verbesserten Schiffahrtsbetrieb mit Kettenschleppern und grösseren Schiffen nicht zu genügen, es werden vielmehr Schleusen und Schiffsgassen von erheblich grösseren Dimensionen erforderlich.

Da die alten Schleusen im allgemeinen noch in gutem Stande und zum Durchschleusen kleinerer Schiffe, sowie teilweise zugleich zur Durchfahrt von Flössen auch später ganz geeignet sind, so ist deren Belassung in ihrem derzeitigen Zustande neben den neuen Anlagen in Gemmrigheim, Hessigheim, Marbach, und deren Umbau in eine den neueren Anforderungen entsprechende Anlage in Kirchheim, Besigheim, Ingersheim in Aussicht genommen.

Was die Schiffsgassen betrifft, so werden zwei derselben in Lauffen und Hofen wegen ungeeigneter Lage, grosser Länge und starkem Gefälle der anschliessenden Schiffsgräben, in Schleusen — Anlagen verwandelt, für die übrigen in Mundelsheim, Neckarrems und Aldingen, sowie für die offene Flossgasse in Kirchheim ist dagegen ein Umbau entsprechend den neuen Normen vorgesehen. —

Anordnung der neuen Schleusen.

Bezüglich der den neuen Schleusen zu gebenden Breite war die neue Heilbronner Schleuse massgebend. Letztere hat eine lichte Breite von 7 m. Die Anwendung eines geringeren Masses für die Weite der Schleusen verbietet die Rücksicht auf das erforderliche Durchschleusen des 6,7 m breiten Schleppers, sowie grösserer (6,5 m breiten) Schiffe.

Viel schwieriger als die Frage, welche Breite-Abmessungen den neuen Schleusen gegeben werden soll, ist die Frage zu beantworten, in welcher nutzbaren Länge dieselben angelegt werden sollen. Zunächst ist klar, dass wenn die Schleusen nur zur Aufnahme eines einzigen grossen Schiffes angelegt würden, der Aufenthalt zur Durchschleusung eines Schleppzuges ein so beträchtlicher würde, dass der Transport erheblich verzögert, die Frachtkosten wesentlich erhöht und hiedurch das Unternehmen überhaupt in Frage gestellt würde.

Der geringste Aufenthalt an den Schleusen würde wohl dann entstehen, wenn die Schleusen so erbaut würden, dass sie einen ganzen Schiffszug aufnehmen könnten.

So zweckmässig in dieser Richtung eine solche Massnahme für den Betrieb der Schiffahrt auch erscheint, so wenig steht dieselbe im Einklang mit den örtlichen und Wasserverhältnissen des oberen Neckars, namentlich auch desshalb nicht, weil das meist beschränkte Flussbett den nötigen Raum zur Anlage einer Schleuse mit den entsprechenden Abmessungen nicht gewährt, und jener daher mit grossen Kosten, durch teilweise Verlegung der Schleuse in die Ufer hinein, beschafft werden müsste. Zudem gienge die Zeitersparniss, welche bei der Durchschleusung eines Schiffszuges (auf einmal) erreicht wird, auf der andern Seite durch den grossen Zeitaufwand bei der Füllung einer so grossen Schleuse wieder verloren. Dazu kommt, dass derartige Schleusen, welche zur Vermeidung eines unverhältnismässigen Kosten-Aufwands mit gepflasterten Böschungen versehen werden, sich erfahrungsgemäss nicht wasserdicht erhalten lassen.

Aus diesem Grunde wurde bei dem vorliegenden Projekt ein Mittelweg eingeschlagen und zweischiffige Schleusen vorgesehen, so dass stets zwei Schiffe gleichzeitig durchgeschleust werden können.

Solche Schleusen lassen sich ohne zu grossen Mehraufwand noch mit Seitenmauern ausführen, wodurch der zur Füllung nötige Wasserquerschnitt wesentlich ermässigt wird und ferner können sie in der kurzen Zeit von 8 Minuten (bei dem grössten vorkommenden Gefäll von 4 m) gefüllt werden.

Der Aufenthalt, welchen die Teilung des Zuges vor der Schleuse erfordert, ist insofern nicht gross, als der Schlepper mit einem Schiff gleich einfahren kann und während des Durchschleusens derselben den nachfolgenden Schiffen Zeit gegeben ist, sich vor die Schleuse zu legen.

Hiezu kommt, dass grössere Schiffszüge auf dem obern Neckar nicht allein zunächst, sondern auch späterhin zu den Ausnahmen gehören dürften. Einen solchen Schiffszug vermag man aber insbesondere da, wo für die kleinen Schiffe noch die alten Schleusen mitbenützt werden können, mit einem Aufenthalt von 10—12 Minuten pro Schiff durchzuschleusen.

Auch die Rücksichten auf möglichst geringe Störung des Betriebs der anliegenden Werksanlagen verbieten jegliche Wasserverschwendung und eine solche würde stattbaben, bei Anordnung von ganz grossen Schleusen mit erheblich grösserem Füllquerschnitt, besonders wenn in einer solchen Schleuse ein kleinerer Zug geschleust werden müsste.

In Beziehung auf die örtlichen Verhältnisse erscheinen die doppelschiffigen Schleusen, wie gesagt, ebenfalls durchführbarer als die grossen. Gleichwohl dürfte es sich empfehlen, bei einer etwaigen Ausführung den Unterkanal — falls dies nicht zu grosse Kosten verursacht — so anzulegen, dass die Möglichkeit nicht benommen ist, die Schleuse später zu vergrössern.

Bezüglich der Anordnungen im Einzelnen unterscheiden sich die Schleusen wenig von der neuen Heilbronner Schleuse; die eine der Seitenmauern ist als Abschlussmauer gegen den freien Fluss oder einen Werkskanal gedacht.

Sowohl die Sohle als die Seitenmauern sind, mit Ausnahme der Quaderverkleidung für die Drempel, die Anschlagflächen der eisernen Thore sowie der Deckschichte, vollständig aus Beton angenommen.

Eine neue Anordnung bilden die vorgesehenen Zirkulationskanäle in den beiden Seitenmauern. Dieselben dienen zur Füllung und Entleerung der Schleuse. Sie werden oben auf jeder Seite durch ein Registerschütz nach dem Oberwasser, sodann in den mittleren und unteren Schächten durch mehrere Registerschützen nach dem Unterwasser abgeschlossen. Acht Ein- und Auslauf-Kanäle stellen die Verbindung mit der Schleusenkammer her. Hiebei ist die Einrichtung getroffen, dass mittelst dieser Kanäle sowohl beide Kammern miteinander, als jede einzelne Kammer für sich zum Schleusen benützt werden kann.

Die Kosten für die Herstellung einer zweischiffigen Schleuse werden sich nach einer vorgenommenen Detailberechnung belaufen.

	für eine Schleuse von 4 m Gefäll		für eine solche von 1,4 m Gefäll	
Erd- und Planierungsarbeiten	10000 M.	—:	5000 M.	
Baggerung	10000 „	—:	10000 „	
Spuntwände	4000 „	—:	4000 „	
Beton-Arbeit	114000 „	—:	95000 „	
Maurer- u. Steinhauerarbeit	23400 „	—:	22725 „	
Eiserne Thore und Zubehör	28600 „	—:	20000 „	
Insgemein	30000 „	—:	13275 „	
zusammen	—: 220000 M.	—:	170000 M.	

Anordnung der Schiffsgassen.

Bei kleineren Gefällen als 1,5 m kann, anstatt durch Schleusen, mit Hilfe von „Schiffsgassen" der Übergang vom Unterwasser ins Oberwasser und umgekehrt vermittelt werden.

Die Schiffsgassen sind zwar wesentlich einfacher zu handhaben und verursachen weniger Aufenthalt als die Schleusen, dagegen geht beim Durchfahren derselben ziemlich viel Wasser verloren. Infolge dessen passen sie für den Neckar und seine ungünstigen Wasserverhältnisse weniger. Ihre Anzahl ist daher möglichst zu beschränken. Die beiden bestehenden Schiffsgassen in Mundelsheim und Neckarrems können als solche belassen werden, sind jedoch zu erleichtern, dagegen sollte die bisher offene Schiffsgasse in Aldingen in eine schliessbare verwandelt werden und ebenso die im Projekt für die Benützung durch die Schiffe in Aussicht genommene offene Flossgasse bei Kirchheim.

Die Schiffsgassen haben nach der angenommenen Anordnung am Kopfe eine Breite von 10 m, die doppelte Breite der alten. Infolge dessen ist auch eine andere Verschluss-Vorrichtung nötig. Diese ist am leichtesten zu erreichen durch Anbringung eines umlegbaren Girardonständers, wie ein solcher bei den Schliessungen vorgesehen ist.

Zum Durchlassen der Flösse und kleinerer Thalschiffe genügt das Freimachen der Hälfte der Öffnung durch Herausziehen einzelner Balken.

Passiert ein Schleppzug die Schiffsgasse, so werden zunächst nur einige Balken herausgezogen, bis das Schleppschiff kurz vor der Mündung ist, alsdann wird mit Hilfe einer Kette vom Lande aus, der beweglichen Ständer umgelegt, wodurch die Dammbalken seitlich aufschlagen und die volle Öffnung frei wird.

Um nun dem Schleppschiff bei der Durchfahrt durch die obere Mündung der Schiffsgasse — wobei es den grössten Widerstand zu überwinden hat — etwas Nachhilfe zu schaffen, ist seitlich von der Schiffsgasse eine 12 m weite Öffnung vorgesehen, durch welche den im unteren Teil der Schiffsgasse befindlichen Schiffen des Schleppzuges mittelst einer Rinne nach Bedarf Wasser zugelassen werden kann. Infolge dieses vermehrten Wasserzuflusses hebt sich im unteren Teil der Schiffsgasse der Wasserspiegel und wird durch die hiedurch erzeugte Gefällsermässigung dem Schlepper eine wesentliche Erleichterung verschafft, was durch die Beobachtungen, welche seither an den bestehenden Schiffsgassen mit ähnlichen Vorkehrungen gemacht werden konnten, bestätigt wird. — Der Zugang zu der seitlichen Einlassfalle ist von der Uferseite mittelst kettenbrückenartig konstruierten Drehsteges über die Schiffsgasse sowie eines festen Laufsteges über den Seitenkanal ermöglicht.

6. Beschreibung des Projekts.

Instandsetzung des Fahrwegs von Heilbronn bis Esslingen.

Nachstehend sollen in kurzem diejenigen wasserbaulichen Veränderungen besprochen werden, welche behufs Einführung der Kettenschiffahrt zur Instandsetzung der Wasserstrasse nötig werden.

Nachdem vor einigen Jahren in Heilbronn eine neue Schleuse, welche Schiffe bis zu 47 m Länge und 6,8 m Breite durchzuschleusen vermag, gebaut und ferner die Ausfahrt aus dem Wilhelmskanal auf 7 m erbreitert worden ist, vermögen auch grössere Schiffe in den obern Neckar zu gelangen. Auf der Strecke von Heilbronn bis Lauffen ergeben sich für die Weiterfahrt keine erheblichen Anstände; durch Einschränkung der Stromrinne an einzelnen Stellen und Verlängerung einiger bestehenden Zeilen kann noch auf Verbesserung der Fahrstrasse, welche gegenwärtig schon in ordentlich fahrbarem Zustande ist, hingewirkt werden.

In Lauffen dagegen wird eine ganz wesentliche Veränderung nötig.

Die Beibehaltung des seitherigen Fahrweges für Schiffe und Flösse erscheint nämlich daselbst bedenklich, indem das sehr starke, auf annähernd 1,5 km sich erstreckende Gefäll von 0,002 bis 0,003 nicht wohl wesentlich zu mindern, eine starke Einschränkung der Fahrrinne bei der scharfen Krümmung nicht thunlich und die Erzeugung einer grösseren Fahrtiefe durch Tieferlegung der Sohle bei dem felsigen Untergrund schwierig ist.

Hiezu kommt, dass bei niedern Wasserständen fast gar kein Wasser in der jetzigen Fahrrinne läuft, indem die ganze Wassermenge den Lauffener Mühlen zugeleitet wird und erst unterhalb der Stromschnelle wieder dem Hauptflusse zufliesst. Soll nun ein Schiffszug die Stromschnelle passieren können, so müssten von dessen Ankunft am Beginn der Stromschnelle an bis nach Passierung der Schiffsgasse (neben dem Wehr), also jedenfalls eine halbe Stunde lang, ununterbrochen die Fallen der letzteren geöffnet bleiben, so dass der oberen Haltung, und damit auch den anstossenden Mühlen eine ganz beträchtliche Wassermenge entzogen würde.

Der Umstand, dass schon Ende der 40er Jahre versucht wurde, in Lauffen einen andern Fahrweg zu beschaffen, spricht ebenfalls dafür, dass es angezeigt ist, den seitherigen zu verlassen und zur leichteren Überwindung des starken Gefälls eine Schleuse mit dem concentrierten Gefäll von 4 m anzulegen. Für die Anlegung letzterer lässt sich ein passender Platz nur auf dem rechten Ufer des Mühlkanals, bei den Lauffener Steinbrüchen heraus finden. Die Zufahrt zur Schleuse im Unterwasser kann direkt unter Benützung des Mühlkanals erfolgen, wogegen zur Ausfahrt nach dem Oberwasser die Anlegung eines 400 m langen Schiffskanals nach dem sogenannten „Burggraben" erforderlich wird.

Auf der Thalseite ist der Kanal mittelst eines Dammes gegen Hochwasser geschützt. Zur Erhaltung der Zufahrt nach den Wiesen und Baumgärten am Mühlkanal sind 2 Überfahrtsbrücken über den Kanal (die eine am Schleusenunterhaupt, die andere am Kanalabschluss) angenommen.

Zur Abhaltung von Hochwasser und Eisgängen ist am Kanalkopfe eine Abschlussvorrichtung mittelst Dammbalken angeordnet.

Die Zufahrt zur Mühle wird durch eine am Kanal-Einlauf vorgesehene Drehbrücke hergestellt.

Die Kosten für die neuen Anlagen in Lauffen sind zwar ganz beträchtliche, es würde durch dieselben jedoch ein sicherer, jederzeit fahrbarer Weg geschaffen; sodann ist es nicht unwahrscheinlich, dass durch Verwertung des durch die Kanal-Anlage geschaffenen Gefälles von 4 m und der hieraus gewonnenen Wasserkraft von 1600 Pferdekräften (im Mittel) zu industriellen Zwecken ein erheblicher Ersatz der Anlagekosten zu erhalten sein wird.

Die Durchfahrt der Schiffe durch den Burggraben und die Lauffener Brücke muss in scharfem Bogen (Radius 150 m) erfolgen, was jedoch im

Stau-Wasser daselbst keine Schwierigkeiten verursachen dürfte. Zur Verminderung der — für die Schiffahrt gefährlichen — starken Überströmung des nahen Wehres ist die Anbringung eines Wehraufsatzes, wenigstens auf der Strecke zwischen dem Burggraben und der Brücke erforderlich. — Von Lauffen aufwärts hat man zunächst Stauwasser bis zu km 130; an der starken Krümmung des Neckars daselbst beginnt nun eine 2 km lange Stromschnelle, welche bei km 133 mit einer Schliessung (von 20 m Breite) endigt.

Zur Regulierung der Fahrstrasse auf dieser Strecke sind die bestehenden Einschränkungswerke teils zu verlegen, teils zu verlängern; von km 133 bis km 134 ist Stauwasser. Es folgt sodann die Stromschnelle am sogenannten „Durum" unterhalb Kirchheim. Zur Ermässigung des jetzigen starken Gefälles (0,006) derselben muss eine wesentliche Verlängerung und Verlegung der Einschränkungswerke, sodann eine ziemliche Vertiefung der Sohle (durch Felssprengungen) vorgenommen werden. Zur Sicherheit ist am Einlauf oben (km 134,5) eine Schliessung (von 20 m Weite) vorgesehen.

Von hier an bis zum Auslauf des Kirchheimer Mühlgrabens bedarf es weniger wegen des Gefälles, als wegen der sehr starken Krümmung einer Nachhilfe durch Einlegen verschiedener Zeilen.

Vom Auslauf des Kirchheimer Mühlgrabens bis an das Stauwasser des Wehres gab es seither zwei Fahrwege.

Der ältere Weg, welcher jetzt nur noch von den Flössen und kleineren Schiffen benützt wird zieht sich unterhalb des Kirchheimer Wehres am rechten Flussufer hin und führt durch eine offene Schiffs- jetzt Flossgasse von bedeutendem Gefälle über das Wehr; der andere Fahrweg, welcher angelegt wurde, nachdem sich die Fahrt (besonders bei niedern Wasserständen) durch die starke Strömung der Schiffsgasse als zu beschwerlich erwies erwies, geht durch den Mühlgraben bis zur Schleuse neben der Fabrik, mittelst welcher die Schiffe ins Oberwasser gehoben werden.

Es entsteht nun die Frage, welcher dieser beiden Wege in Zukunft zur Fahrt benützt werden soll.

Für die Schiffahrt mit Schleppbetrieb sind starke Gefälle und Strömungen weniger von Belang; sie werden von den Schleppzügen, zwar mit ermässigter Geschwindigkeit, aber sicher überwunden. Jedenfalls bedingt eine Schiffsgasse weniger Aufenthalt als eine Schleuse.

Im vorliegenden Falle, wo eine offene Gasse schon seit langer Zeit besteht und daher die Rücksichten auf Werksbesitzer in Wegfall kommen, empfiehlt sich für den Schlepper die Fahrt (zu Berg und zu Thal) durch die Schiffsgasse. Es ist jedoch durch Anlage von Einschränkungswerken und Aussprengung der Felsenschwellen in der Schiffsgasse auf Verbesserung dieser Fahrt hinzuwirken.

Falls die Besitzer der anliegenden Fabrik es veranlassen, könnte die Schiffsgasse behufs Abschlusses bei Niederwasserständen am Einlauf mit einer Schliessung versehen werden.

Für die zu Thal gehenden Schiffe werden nun, selbst wenn die Fahrtrasse durch die Schiffsgasse eine Verbesserung erfährt, bei kleinem Wasserstande die Gefahren, welche die Benützung dieses Fahrweges bietet, nicht völlig gehoben sein.

Um sicher zu gehen wird es sich daher empfehlen, es möglich zu machen, dass wenigstens die zu Thal gehenden grösseren und kleineren Schiffe ihren Fahrweg durch den Mühlkanal einschlagen können.

Hiezu ist nur ein Umbau der Schleuse derart erforderlich, dass dieselbe an dem Oberhaupt auf 7 m erbreitert und nach unten soweit verlängert wird, dass sie eine nutzbare Länge von 47 m und eine Breite von 7 m zwischen den Thoren erhält.

Die Fahrt durch den Mühlgraben lässt, insbesondere seit der neuesten Veränderung der dortigen Werksanlage, nichts zu wünschen übrig.

Es verdient hier noch der Erwähnung, dass auch ein Projekt ins Auge gefasst worden ist, nach welchem durch Anlegung eines von der Schiffsgasse am rechten Ufer ausgehenden und unterhalb des sogenannten „Durums" bei km 134 ausmündenden Kanals samt Schleuse sowohl das scharfe Eck unterhalb Kirchheim, als auch die starke Stromschnelle am „Durum" hätte umgangen werden können. Die schwierige Lage, welche der Kanal-Einlauf hätte erhalten müssen, sowie namentlich die ganz bedeutenden Erd-Arbeiten, welche die Aushebung des Kanals erfordert hätte, lassen jedoch dieses Projekt als undurchführbar erscheinen.

Von Kirchheim bis Gemmrigheim hat man eine prächtige Fahrtrasse ganz im Stauwasser bis zur Schleuse in Gemmrigheim, welche zum Übergang über das dortige Wehr dient.

Letztere wurde erst in neuerer Zeit — bei dem Wehr- und Fabrikumbau — an Stelle der früheren offenen Schiffsgasse von dem Werksbesitzer mit Staatsbeitrag erbaut; mit Rücksicht hierauf und den Betrieb der Werksanlage wurde von der Anlegung einer Schiffsgasse Abstand genommen und eine neue doppelschiffige Schleuse neben der alten, in das linksseitige Ufer hineingeführt, vorgesehen. Die alte Schleuse hätte, wie seither, der Durchfahrt der Flösse, sowie kleinerer Schiffe zu dienen.

Von der Gemmrigheimer Schleuse bis zum Auslauf des Besigheimer Schiffskanals führt man in Stauwasser des Gemmrigheimer Wehres.

Die Besigheimer Schleusen-Anlage kann durch Umbau leicht in eine Schleuse zur Aufnahme von

4 grossen Schiffen umgewandelt werden, indem man am Auslauf des gepflasterten Unterkanals ein Unterhaupt mit Thoren anordnet, die bestehende Schleuse im Oberhaupt erbreitert und im Unterhaupt soweit verlängert, dass das Schleppschiff durchgeschleust werden kann.

Bei der vorzüglichen Beschaffenheit der hoch hinauf abgepflasterten und noch zu dichtenden Böschungen des Unterkanales, sowie bei dem ganz bedeutenden Wasservorrat, welcher in der Haltung oberhalb Besigheim vorhanden ist, kann diese Anlage ohne Bedenken zur Ausführung kommen.

Während der obere Schiffskanal überall die erforderliche Weite besitzt, muss die Durchfahrt unter der Überfahrtsbrücke über den Kanal oberhalb der Schleuse durch Zurücksetzen des einen Widerlagers erbreitert werden.

Vom Einlaufe des Besigheimer Schiffskanals — welcher schon derzeit mit einer Abschlussvorrichtung versehen ist — hat man wieder Stauwasser bis km 143,5. Von da bis Hessigheim schliesst sich eine steilere Strecke an, in welcher teils durch Verlegung und Verlängerung der bestehenden Zeilen, teils durch Einschaltung zweier Schliessungen die Fahrstrasse verbessert werden muss.

In Hessigheim ist die seitherige Fahrstrasse an der dortigen Mühle vorüber beizubehalten. Der Unterkanal ist aber zu erbreitern und eine neue zweischiffige Schleuse auf der Insel neben der bestehenden Flossgasse anzulegen; die alte Schleuse bleibt unverändert.

Bis zum Auslauf der Schiffgasse in Mundelsheim führt man im Stauwasser des Hessigheimer Wehres.

Die bestehende Schiffsgasse in Mundelsheim ist zur Erzielung eines geringeren Gefälles derart umzubauen, dass die untern Zeilen verlängert und der Einlauf erbreitert und flussaufwärts gerückt werden; im übrigen kann die linksseitige Mauer der Schiffsgasse in ihrem derzeitigen Stande verbleiben.

Die in der Normalzeichnung vorgesehene seitliche Öffnung zum Hereinlassen von Wasser wird hier durch einen abnehmbaren Wehraufsatz ersetzt. Von Mundelsheim gelangt man im Stauwasser bis km 152 oberhalb der sogenannten „Beuttenmühle" und von da in dem seitherigen Fahrwege bis zur Ingersheimer Schleuse.

Zunächst hat hier der Auslauf des Unterkanals eine Verbesserung durch Erweiterung zu erfahren, sodann ist die bestehende Schleuse in eine normale zweischiffige umzubauen; ausserdem ist der Schiffskanal zu erbreitern, am oberen Einlauf — woselbst die Einfahrt derzeit sehr ungünstig ist — abzurunden und mit einer Abschlussvorrichtung zu versehen.

Es mag hier Erwähnung finden, dass zur Umgehung der für die Schiffahrt ungünstigen Strecke von der Ingersheimer Schleuse bis zum Auslauf des linksseitigen Mühlkanals, welche bei niederen Wasserständen nur wenig Wasser hat, bei hohen Wasserständen dagegen sehr dem Anprall vom Wehr aus und der Vertiefung ausgesetzt ist, versucht wurde, einen günstigeren Fahrweg unter Benützung des dortigen Mühlkanals zu ermitteln.

Da dieser Weg jedoch mitten durch den Hof der Kunstmühle führt und die Verbindung nur mittelst einer Drehbrücke in höchst ungenügender Weise hergestellt werden könnte, musste dieses — sonst vorteilhafte Projekt fallen gelassen werden.

Vom Ingersheimer Schiffskanal aus führt man im Stauwasser der Pleidelsheimer Brücke unbehindert durch bis km 155. Daselbst beginnt nun eine Strecke, welche sich sehr durch verwilderten Lauf und bedeutende Kiesablagerungen bemerklich macht.

Dieser Strecke kann nur mittelst durchgehender Regulierung der Ufer und des Gefälles gründlich nachgeholfen werden. Hiebei muss zugleich das scharfe Eck, der „Geixinger Rang", mittelst eines Durchstichs abgeschnitten werden.

Unterhalb der Beihinger Brücke befindet sich derzeit eine zwar kurze aber starke Strömung, welche ausgeglichen werden muss.

Auf der Strecke von Beihingen bis Benningen, welche sich schon jetzt durch einen Reichtum an Zeilen — jedoch auch durch eine günstige Wassertiefe — auszeichnet, kann teils durch Verlängerung der bestehenden Zeilen, teils durch Einschaltung zweier Schliessungen die erforderliche Tiefe des Fahrwassers erreicht werden.

Am sogenannten „Benninger Strudel" ist durch Felssprengungen die Sohle mehr zu vertiefen und auszugleichen.

Von Benningen bis Marbach kann man unbehindert dem seitherigen Fahrweg folgen.

In Marbach wird die Anlage einer neuen zweischiffigen Schleuse neben der bestehenden Schleuse nötig, die als Flossgasse beizubehalten ist.

Das an letzterer sich anschliessende Überfallwehr, welches von der neuen Schleuse durchschnitten wird, ist einschliesslich des Abflussgrabens flussaufwärts zu verlegen.

Die Anordnung der neuen Schleuse ist eine normale; nur die Füllungs- und Entleerungsschützen müssen, den örtlichen Verhältnissen entsprechend, an anderen Stellen angebracht werden.

Von Marbach anwärts hat man zunächst — die längste aller Haltungen — Stauwasser bis km 167. Sodann ist eine längere Stromschnelle mit erheblichem Gefälle bei Hoheneck mittelst einer Schliessung zu überwinden.

Unterhalb und oberhalb der Neckarweihinger Brücke ist eine längere Uferregulierung in Verbindung mit der Verlegung, resp. Verlängerung der bestehenden Zeilen, zur Erhaltung des Fahrweges nötig.

Desgleichen muss bei km 170 der durch Verwahrlosung der Ufer verwilderte Flusslauf in regelmässigen Stand gesetzt werden.

Bei Poppenweiler sind noch einige Gefälle auszugleichen.

Von km 173 bis km 174 sind die Ufer beiderseits verwahrlost, der Fahrweg serpentiniert bei Niederwasser, weshalb eine Uferregulierung unter Einschränkung der Flussbreite nicht zu umgehen sein wird.

Oberhalb des Hochberger Fahres wird zum Zusammenhalten des Fahrwassers das Einlegen einiger neuen Zeilen nötig.

Der Schiffsgraben in Neckarrems bedarf nur einer kleinen Regulierung. Die bestehende Schiffsgasse in Neckarrems ist nach der Normalie umzubauen; die rechtsseitige Ufermauer wird in ihrem derzeitigen Stande belassen werden können.

Oberhalb Neckarrems führt man im Stau des Neckargröninger Wehrs bis km 178.

Bei Aldingen befindet sich eine Stelle sehr schlechten Fahrwegs, welche durch Uferregulierung und Einbauen von Zeilen wesentlich verbessert werden kann.

Die derzeit offene Schiffsgasse in Aldingen sollte mit einer Schliessung versehen werden, welche bei niederen Wasserständen aufzurichten ist. Sollte es auf der Strecke von km 178 bis km 179 an Wasser fehlen, so könnte von dieser Schliessung aus mehr Wasser zugeführt werden.

Zwischen Aldingen und Hofen bedarf es zur Instandsetzung des Fahrwegs nur der Verlegung einiger Zeilen.

Der Schiffsgraben in Hofen, sogenannte „Saugraben", bot schon seither der Durchfahrt der Schiffe und Flösse bedeutende Schwierigkeiten, sowohl infolge seines starken Gefälles als auch wegen seiner mehrmaligen scharfen Krümmungen.

Mit einem Schleppzug könnte derselbe in seinem jetzigen Zustand nicht befahren werden. Durch eine einfache Geradlegung ist hier auch nicht zu helfen, indem sonst die Strömung zu sehr verstärkt würde. Gründliche Abhilfe wird nur geschaffen durch die Anlegung einer Schleuse am untern Ende des Grabens. Hiedurch kommt der grössere Teil des Grabens in die Höhe des Stauwassers des Wehrs zu liegen und ist dann gut zu durchfahren.

Da die Flösse auch ihren Durchgang durch den Graben nehmen müssen, so muss neben der neuen Schleuse eine Flossgasse angelegt werden.

Der obere Einlauf in den Schiffsgraben ist ziemlich unterhalb der bestehenden Flossfalle anzuordnen und mit einer Abschluss-Vorrichtung gegen Hochwasser zu versehen. Derjenige Teil des Mühlhauser Wehrs zwischen der bestehenden Flossgasse und dem sogenannten „Navigationswehr" wird hinderlich und muss entfernt werden.

Der Stau des Mühlhauser Wehrs reicht bis km 184. Daselbst beginnt eine steilere Strecke bis km 185,5, welche mit Hilfe einer Schliessung passiert werden kann. Von Münster bis Cannstatt schliessen sich sodann mehrere Strecken wechselnden Gefälles an, welche leicht ausgeglichen werden können. Vor dem Auslauf des Cannstatter Schiffskanals ist sodann zur Sicherung der Fahrtiefe an der Einfahrt in den Kanal und in den untern Cannstatter Hafen noch eine Schliessung angeordnet.

Der Cannstatter Schiffskanal kann nun zur Weiterfahrt benützt werden bis zum Auslauf des Landauer'schen Fabrik-Kanals.

Die linksseitige Ufermauer muss daselbst sammt der Überfahrtsbrücke mit Rücksicht auf die Einfahrt in die Schleuse zurückgesetzt werden.

Um von da in das Stauwasser des Wehrs zu gelangen, ist die Anlage einer (zweischiffigen) Schleuse notwendig. Diese Schleuse entspricht in ihrer Anordnung im allgemeinen der aufgestellten Norm; die Rücksicht auf den unter dem Kanal des städtischen Wasserwerks sich durchziehenden und neben der Schleuse auslaufenden Werkkanal bedingt jedoch eine kleine Abweichung von der Norm für die rechtsseitige Schleusenmauer.

Im Oberwasser steht bis jetzt zur Durchfahrt unter der Wilhelmsbrücke hindurch nur die eine rechtsseitige Öffnung zur Verfügung. Die lichte Durchfahrtshöhe dieser Öffnung beträgt jedoch bis zum Bogenscheitel nur 3,55 m, ist also sowohl für den Schlepper als auch für grössere Schiffe zu nieder. Der zweite Bogen der Wilhelmsbrücke wäre im Scheitel um 0,15 m höher, wenn nicht in die zweite Öffnung das städtische Wehr eingebaut wäre.

Der einzige Ausweg zur Umgehung dieser Schwierigkeiten ist der, dass man das bestehende feste Wehr oberhalb der Brücke bricht, auf den zweiten Brückenpfeiler zuführt und sodann von diesem (unterhalb der Brücke) wieder einen besonderen Wehrteil bis zum Anschluss an die Insel anlegt.

Während der neue Wehrteil oberhalb der Brücke als Überfallwehr jedenfalls fest — um besten halbmassiv mit Betonkern — gemacht werden muss, empfiehlt es sich in Rücksicht auf die ungünstigen Durchflussverhältnisse der Wilhelmsbrücke den untern Wehrteil nicht fest wie das alte Wehr, sondern in der Weise beweglich anzuordnen, dass derselbe bei Hochwasser vollständig in die Sohle niedergelegt werden kann. Hiedurch erreicht man eine Vermehrung des Durchflussquerschnitts der Wilhelmsbrücke um 50 bis 60 qm, was dieselbe in den Stand setzt, 150—200 cbm pro Sekunde mehr Wasser als seither durchzulassen.

Für das Nadelwehr ist eine, den in der Maas (bei Dinant etc.) und im Main bei Frankfurt ausgeführten beweglichen Wehranlagen — welche sich gut bewähren — entsprechende Konstruktion angenommen.

Eine befriedigende Dichtung des Wehrs lässt sich durch Vorhänge von Segeltüchern, welche vor den aufgestellten Nadeln herabgelassen werden, erreichen.

Die zur Ermöglichung der Durchfahrt der Schiffe vom Cannstatter Schiffskanal bis ins Stauwasser oberhalb der Wilhelmsbrücke nötigen Anlagen erfordern einen beträchtlichen Kostenaufwand und so wäre man versucht, statt dieses umständlichen Wegs die Benützung der jetzigen Flossgasse durch die letzte linksseitige Brückenöffnung ins Auge zu fassen. In diesem Fall müsste neben der bestehenden Flossgasse eine Schiffsgasse angelegt werden.

Nun liegt aber bei niederen Wasserständen dieser Fahrweg bis km 188 ganz trocken, da sämmtliches Wasser den Werken zugeleitet wird. Soll aber über die ganze Zeit, welche ein Schleppzug braucht, um von km 188 bis über die Schiffsgasse hinauf zu kommen, der Fahrrinne eine genügende Wassermenge zufliessen, so würde infolge des starken Verbrauches (ca. 20000 cbm) der Oberwasserspiegel so weit herunterstinken, dass nicht allein die Wasserwerke längere Zeit ihren Betrieb einstellen müssten, sondern dass auch dem Schleppzuge selbst bei seiner Weiterfahrt Schwierigkeiten erwachsen würden.

Die Benützung des Berger Mühl-Kanals als Schiffsweg unterliegt keinen weiteren Schwierigkeiten; derselbe müsste nur gründlich ausgeräumt werden. Etwa 700 m oberhalb der Eisenbahnbrücke ist der Einlauf zum Hafen für Stuttgart - Berg, dessen Anlage weiter unten beschrieben ist.

Zur Weiterfahrt nach Esslingen folgt der Schiffsweg ganz dem seitherigen Flossweg durch den Mühlkanal und den Flosskanal hinter dem städtischen Wasserwerk vorbei; die Instandsetzung desselben als Schiffsweg macht jedoch erhebliche Schwierigkeiten, denn auf der Strecke vom Stuttgarter Hafen bis zum Wasserhause sind es nicht weniger als 7 Brücken, welche zu passieren sind und welche alle nicht die nötige Durchfahrtshöhe haben.

Durch eine — auch aus sonstigen Gründen zweckmässige — Verlegung der Staatsstrasse von Lenze's Bad an bis zur Fabrik von Hild & Meager von der linken Seite des Flosskanals auf dessen rechte Seite, kommen die zwei niedersten Brücken bei km 190 und bei km 190,2 in Wegfall und muss nur noch der Steg nach dem städtischen Wasserwerk um weniges gehoben werden. Die Brücke bei Lenze muss ebenfalls höher gelegt werden.

Auf dem Areal der städtischen Wasserwerks-Anlagen für Stuttgart werden nur Plätze von untergeordneter Bedeutung und keinerlei bauliche Einrichtungen berührt.

Eine wesentliche Schwierigkeit verursacht der Umstand, dass die Flossgasse von km 190 bis km 190,2 mit Ausnahme der wenigen Tagesstunden, in welchen die K. Pumpwerk läuft, trocken liegt; es ist daher nötig, die ganze Sohle der Flossgasse bis an der oben vorgesehenen Schleuse soweit zu vertiefen, dass das Unterwasser von den städtischen Wasserwerken bis zur Schleuse die erforderliche Fahrtiefe erreicht.

Von dem Unterkanal gelangt man in den Mühlkanal mittelst einer Schleuse von 2 m Gefäll. Diese Schleuse ist — wie alle Schleusen zwischen Cannstatt und Esslingen — in Rücksicht auf die geringeren Verkehr zur einschiffig (ganz nach Art der neuen Heilbronner Schleuse) angenommen. Sie bietet daher nichts besonders Bemerkenswerthes.

Die Benützung des Mühlkanals bis zum Wasserhaus als Schiffsweg hat, abgesehen von der nötigen Höherlegung einer kleinen Stegs und der Anlage einer Drehbrücke für die Staatsstrasse keinen weiteren Anstand.

Die Aus- bezw. Einfahrt des Kanals erfolgt seitlich des Wasserhauses durch Erbreiterung der dort angelegten Flossfalle. Vom Wasserhause bis über km 192 hinaus hat man Stauwasser; in den sich anschliessenden seichten Strecken lässt sich durch Baggerung, durch Einbau einiger Meter, sowie durch Anlegung einer Schleusung eine Vermehrung der Fahrtiefe erreichen.

Die Überwindung des Wehr-Gefälles in Unterürkheim kann mit Hilfe einer schleusbaren Schiffsgasse erfolgen.

Die seitherige Flossgasse bleibt unverändert; dagegen ist auf dem Ludmann'schen Wehre (unterhalb der Brücke) die Anbringung eines beweglichen Aufsatzes vorgesehen, welcher das Werk des letzteren in drüssellen Stauwasserspiegel legt, wie das andere, ehemals Stierlen'sche Werk auf der rechten Seite. Von Unterürkheim kann man im Stau der Unterürkheimer Stauvorrichtungen zahren die wenigs hundert Meter unterhalb des Auslaufs des Oberürkheimer Werkskanals (an der Brücke).

Durch Einlegung einer Zeile auf diese Länge kann der Unterkanal der Fabrik bis in's Stauwasser verlängert und dann nebst dem Oberkanal als Fahrweg benützt werden, zu welchem Zweck er aber auf eine grosse Strecke einer Erbreiterung bedarf.

Der Übergang in's Oberwasser wird durch eine neben der bestehenden Flossgasse anzulegenden Schleuse von 2,3 m Gefäll vermittelt.

Unterhalb der Ölfabrik ist der unter der Station durchführende Bach, welcher nach starken Regengüssen viel Geschiebe mitführt, zur Verhütung von Ablagerungen im Werkskanal über letzteren hinüber in den Neckar geführt.

Diese Überführung kommt in Wegfall; als Ersatz für dieselbe ist die Anlegung eines genügend grossen Ablagerungsbeckens im Bache vor der Einmündung desselben in den Kanal vorgesehen.

Der Einlauf zum Kanal der Ölfabrik muss verlegt und mit einer anderen Abschlussvorrichtung versehen werden, denn die gegenwärtige Stauvorrichtung genügt bei niederen Wasserständen weder der Schiffahrt noch dem Betrieb der Fabrik. Der bisherige Betrieb erfordert bei Niederwasser einen über die ganze Flussbreite sich ausdehnenden Abschluss, welcher jedoch derart konstruiert sein muss, dass er bei höheren Wasserständen aussglich selbstthätig reguliert und bei Hochwasser oder Eisgang entfernt werden kann.

Es empfiehlt sich also die Anlage eines beweglichen Wehrs und zwar entweder eines vollständigen Schützenwehrs mit festem, über Hochwasser angelegtem Steg, oder besser eines Klappenwehrs in Verbindung mit einem Schütterwehre.

Im Projekt ist die Höhe des Staues so angenommen, dass derselbe bis unterhalb des Auslaufes des Kanals der weiter aufwärts gelegenen Baumwollspinnerei auf dem „Drühl" reicht.

Die Strecke unterhalb des Drühls bedarf bedeutender Nachhilfe durch Eisenbrechung und Vertiefung der Sohle mittelst Felsensprengung. Die Zelle am Auslauf des Drühlkanals muss verlängert und verstärkt werden.

Das starke Gefäll bei der Fabrik von 4 m kann nur mittels einer Schleuse überwunden werden. Letztere ist neben der bestehenden Flossgasse anzulegen; zur Ein- und Ausfahrt der Schiffe ist der Unter- und Oberkanal eine Strecke weit zu erbreitern. Im Übrigen ist der Oberkanal genügende Breite, um den Schiffen bequem Durchfahrt zu gestatten. Die Überfahrtsbrücke ist der Mitte des Kanals ist zu nieder und deshalb höher zu legen.

Das Falkengestell am Kanaleinlauf muss derart abgeändert werden, dass eine Öffnung von 8—9 m Durchfahrt für die Schiffe frei gemacht werden kann; sie wird nur mittelst einer entsprechenden Konstruktion in Eisen möglich sein.

Eine Erhöhung des Wehraufsatzes am Brühl um 0,3 m über die bis jetzt erlaubte Höhe ist für die Schiffahrt nicht unbedingt nötig, könnte aber natürlich nur günstig wirken.

Vom Einlauf des Brühlkanals hat man Stauwasser bis zum Auslauf des Esslinger Mühl- und Flosskanals und wäre damit der äusserste Endpunkt der Neckar-Regulierung zu Schiffahrtszwecken erreicht.

Eine weitere Fortsetzung der Schiffahrt über diesen Punkt hinaus, in anderer Weise als durch eigentliche Kanalisation, kann bei den nun immer stärker werdenden Gefällen, den abnehmenden Wassermengen und dem wilderen Flusslauf mit seinen grossen Krümmungen unbedingt als undurchführbar erklärt werden.

Landungsplätze und Hafen-Anlagen.

Es erübrigt nun noch, nachdem die am Fahrweg der Schiffe vorzunehmenden Veränderungen beschrieben worden sind, der zum Umschlag der Güter und zur Unterbringung der Schiffe nötigen Landestellen und Hafenanlagen Erwähnung zu thun.

Für die verschiedenen kleineren und grösseren Orte am Neckar gibt sich überall reichliche und passende Gelegenheit zur Anlage einfachster Landeplätze am Ufer; meist wird ein niederer Lauer von 50—100 m Länge oder eine gepflasterte Böschung mit wenigen Treppen und Schifforangen an geschützten Stellen genügen um das Entladen und Beladen der Schiffe gesichert zu ermöglichen. Auch sind in den Haltungen sowie in den Werksund Schiffskanälen genug Stellen geboten, wo sich bei plötzlich eintretenden Hochwassern oder Eisgängen die Schiffe bergen und kürzere Zeit aufhalten können.

Dagegen bedürfen die grösseren Städte, wie Cannstatt, Stuttgart und Esslingen, welchen sich der Hauptverkehr zuziehen muss, an und für sich schon besonderer Anlage, wie überhaupt überall, wo ein grösserer Umschlag vom Wasser- auf den Landweg zu erwarten ist, für eine möglichst günstige Verbindung Sorge getragen werden muss.

Nach den aus früheren Jahren vorliegenden Erfahrungen wäre die Wiedereinführung des Schiffahrtsbetriebs auf dem oberen Neckar zweck- und aussichtslos, wenn nicht an einem Endpunkte, also entweder in Cannstatt oder in Esslingen, ein lebhafter Güterumschlag auf die Bahn und umgekehrt von letzterer auf die Schiffe angebahnt würde.

Während daher der Hafen in Berg mehr von lokaler Bedeutung — für die Zufuhr nach den nahe gelegenen Fabriken und der Residenz — ist, werden die Häfen in Cannstatt oder Esslingen, welche in Verbindung mit der Bahn zu setzen sind, von allgemeinerem und weittragenderem Werte sein.

Was die Grösse der in dem vorliegenden Projekt vorgesehenen Häfen betrifft, so wurde dieselbe nach Maassgabe der örtlichen Verhältnisse zunächst nur für einen mässigen Verkehr angenommen.

Der untere Lokalhafen für Cannstatt hat 2000 qm nutzbare Fläche, also Platz für — 7 Schiffe
Der Haupthafen von Cannstatt hat ca: 9000 qm nutzbare Fläche, also Platz für . . . . — 30 „
Der Hafen für Stuttgart . . hat ca: 6000 qm nutzbare Fläche, also Platz für . . . . — 20 „
Der Hafen für Esslingen . . hat ca: 8000 qm nutzbare Fläche, also Platz für . . . . — 27 „
zusammen für —:- 84 Schiffe
was um so mehr genügen dürfte, als in der Nähe der Häfen in Schiffs- und Werkskanälen noch eine beträchtliche Anzahl Schiffe untergebracht werden kann.

Cannstatt verdient als Knotenpunkt mehrerer Bahnen in erster Linie Berücksichtigung; indes ist ein neuer Hafen daselbst nur in sehr ungünstiger Lage und nur mit grossen Kosten zu erstellen; viel günstiger liegen in dieser Beziehung die Verhältnisse in Esslingen, wo der Hafen nicht so abseits vom Fahrwege der Schiffe angelegt werden muss.

Der alte Cannstatter Hafen befand sich bekanntlich teils unterhalb teils innerhalb des jetzigen Schiffskanals beim städtischen Wasserwerk.

Da die Altstadt von Cannstatt und namentlich die Vorstadt auf dem linken Neckarufer sehr entfernt von dem für Cannstatt vorgesehenen Haupthafen liegt, so empfiehlt es sich an der Stelle, wo der ursprüngliche Hafen war, einen kleinen Lokalhafen seitwärts vom Schiffskanal anzulegen, weil ein Auslanden oder Beladen im Kanal selbst mit Rücksicht auf die Freihaltung des Fahrweges nicht zulässig erscheint. Dieser Hafen könnte in einfachster Weise mit einem etwa 150 m langen niederen Lauer und anschliessenden gepflasterten Böschungen angeordnet werden und böte 6—8 Schiffen Platz.

Viel schwieriger ist die Anlegung des Cannstatter Haupthafens an der Bahn. Derselbe darf einerseits nicht im Inundationsgebiet angelegt werden, anderseits muss er selbst hochwasserfrei sein; überdies darf durch denselben der Inundations-Einlass am Seelberg nicht gesperrt werden.

Die aus dem Übersichtsplan ersichtliche Anlage ergab sich nach reiflicher Erwägung als die den obigen Anforderungen und den bestehenden örtlichen Verhältnissen am meisten Rechnung tragende.

Der Hafen mit Zufahrtskanal kommt in das Stauwasser des Cannstatter Wehrs zu liegen und zwar so, dass er gegen den Neckar von der projektierten Dammstrasse flussaufwärts von der

Inundationsstrasse nach dem Seelberg, flussabwärts von dem Anwesen des Herrn v. Kögelen umschlossen wird.

Auf der Seite gegen die Bahn hat der hohe Lauer und das Hafenplanum die Höhe des neuen Bahnhofplanums; auf der Seite gegen den Neckar hat die ringsum anzulegende Zufahrtsstrasse sowie ein zweiter hoher Lauer die Höhe der zukünftigen Dammstrasse, liegt somit über dem Hochwasserstande von 1824; der seitliche kurze Lauer ist dagegen als niederer Lauer 1 m über dem Mittelwasserspiegel angenommen und führen von beiden Seiten Zufahrten zu denselben hinab.

Für die Entwicklung der Bahnhof- und Verbindungsgeleise dürfte genügender Spielraum gelassen sein. Die Zufahrt zum Hafen vom Neckarbett aus wird durch einen etwa 250 m langen Schiffskanal mit beiderseits gepflasterten Böschungen, Berme und Leinpfad versehen, vermittelt. Die Einfahrt in den Hafen kann durch eiserne Stemmthore gegen Hochwasser abgeschlossen werden.

Der Hafen selbst könnte im Bedürfnissfalle bis zur verlängerten Königstrasse ausgedehnt werden.

Da diejenigen Bergschiffe, welche ihre Ladung im Cannstatter Hafen löschen wollen, vom Schleppzug sich schon bei km 189 am Anslauf des Berger Mühlkanales lösen müssen, so fragt es sich, in welcher Weise dieselben in den Cannstatter Hafen befördert werden sollen. Man wird hier zunächst an einen Leinzug denken müssen, da die Strecke zu lang ist um die Schiffe allein durch Staaken hinein zu bringen.

Da die Strömung in der fraglichen Strecke nicht besonders gross ist, so könnte man auch mittelst eines Schleppschiffes, welches mit einem elektrischen oder Gas-Motor versehen ist, die Beförderung der Schiffe vermitteln.

Der Hafen für Stuttgart—Berg ist auf staatlichem Areal an der Stelle des früheren Holzlagerplatzes zwischen dem Mühlkanal und der Staatsstrasse von Berg nach Cannstatt vorgesehen.

Der Hafen ist gegen den Mühlkanal durch eine, über dem gewöhnlichen Hochwasser liegende Dammstrasse, welche einerseits mit der Strasse nach Cannstatt, andererseits mit der Poststrasse in Berg in Verbindung steht, abgeschlossen. Gegen die Staatsstrasse hin ist ein hoher Lauer mit Krahnen in annähernd gleicher Höhe mit der Staatsstrasse gedacht; flussaufwärts ist der Hafen zunächst beschränkt durch den überwölbten Nesenbach-Auslauf; im Bedürfnissfalle wäre es aber doch möglich, denselben in dieser Richtung noch weiter auszudehnen. Die obere Seite des Hafens und diejenige nach dem „Schwanen" in Berg zu sind mit gepflasterten Böschungen angenommen; der niedere Lauer befindet sich auf der Seite gegen den Mühlkanal und hat nach beiden Seiten Zufahrtsrampen. Der Wasserstand im Hafen ändert sich mit dem des Mühlkanals; die Hafensohle ist deshalb ziemlich tief zu legen. Gegen Hochwasser kann der Hafen durch zwei Stemmthore abgeschlossen werden.

Zu Lagerplätzen und Lagerhäusern dürfte ausreichend Platz vorhanden sein.

Der Hafen in Esslingen kann der starken Strömung im Mühlkanal halber nicht wohl mit diesem in freie Verbindung gebracht werden. Für die Einfahrt in den Hafen wurde daher die rechtsseitige der drei, je 7,5 m im Lichten weiten Öffnungen unter der Eisenbahnbrücke gewählt, während die zwei übrigen für den Auslauf des Mühlkanalwassers, sowie der denselben passierenden Flösse offen zu halten wären.

Durch die Hafenanlage wird zunächst eine kleine Korrektion des Mühlkanals oberhalb und unterhalb der Eisenbahnbrücke, welche auch die Strömung am Auslaufe mindert, bedingt.

Der Hafen wird begrenzt auf der Seite gegen den Neckar vom Bahndamm, auf der Bergseite durch die Strasse von Esslingen nach Mettingen, gegen den Mühlkanal durch eine neu anzulegende Dammstrasse. Auf der Seite gegen die Bahn und gegen die Strasse sind im unsern Hafenneck die Plätze für den Umschlag von Bahn zu Wasser und umgekehrt, mit hohem Mauern und gepflasterten Böschungen vorgesehen; der mittlere und niedere Lauer für den Lokal- und Landverkehr sind auf der Seite gegen den Mühlkanal angebracht. Für Lagerhäuser etc. ist Platz an dem hohen Lauer (auf der Bergseite) im oberen Teil des Hafens.

Für etwa ankommendes und in's Wasser zu bringendes Flossholz ist — geeignet vom eigentlichen Schiffshafen — ein besonderer Polterplatz jenseits der Bahn vorgesehen, woselbst die Stämme direkt in den Neckar (in das Stauwasser gebracht werden können.

Sollte dieser Polter nicht genügen, oder nicht hinreichende Sicherheit gegen Hochwasser bieten, so wäre wohl am geeignetsten in Oberthürkheim ein Flosshafen zu erstellen.

Stellung der Wasserwerksbesitzer zum Unternehmen.

Nachdem nun alle zur Instandsetzung der Wasserstrasse erforderlichen Massnahmen besprochen sind, lässt sich noch die Frage aufwerfen: wie werden sich die verschiedenen von den Veränderungen berührten Wasserwerksbesitzer zur Durchführung des Unternehmens stellen?

Ohne auf die Sache selbst näher eingehen zu wollen, mag bemerkt werden, dass nach den gemachten Wahrnehmungen die meisten der Wasserwerksbesitzer eher eine ablehnende als entgegenkommende Stellung einzunehmen scheinen und zwar weniger gegenüber der Ausführung der erforderlichen Bauten, als vielmehr gegen den Schiffahrtsbetrieb. Sie befürchten durch den Betrieb eine ganz bedeutende Beeinträchtigung in der Ausnützung ihrer Wasserkraft zu erleiden, welche den Niedergang ihrer Geschäfte bewirken könnte.

Den bestehenden Konzessions-Vorschriften gemäss haben nämlich sämtliche Wasserwerksbesitzer — selbst diejenigen auf der Strecke Cannstatt—Esslingen — die Auflage, das zum Betriebe der Schiffahrt und Flösserei nötige Wasser abzugeben.

Nun mag das zwar eine sehr lästige Vorschrift sein, sie wird aber gegenüber den grossen Vorteilen, welche der billige Wasserkraftbetrieb bringt, in Wirklichkeit um so weniger von erheblichem Einfluss sein können, als es sich nur um täglich 1 Schleppzug zu Berg und Schlepper ohne Anhang zu Thal handeln wird. Bezüglich der sonst zu Thal fahrenden Schiffe tritt, wenigstens auf der Strecke von Cannstatt abwärts, keine Änderung gegen früher ein als die Schiffahrt auf dem Neckar noch lebhaft im Gang war.

Um übrigens die Befürchtung einer grossen Benachteiligung zu zerstreuen, möge im nachstehenden der zum Betriebe der Schiffahrt nötige Wasserentzug überschlägig berechnet werden.

Setzt man selbst einen jährlichen Verkehr zu Berg von 2 Millionen Zentner voraus — und es wird lange Zeit brauchen, bis sich derselbe soweit entwickelt haben wird — so trifft bei einer durchschnittlichen Ladung von 1600 Zentner pro Schiff und 300 Arbeitstagen im Jahr auf jeden Arbeitstag ein Zug von $\frac{2\,000\,000}{1\,600\cdot 300} = 4$ Schiffen mit Schlepper.

Nimmt man an, dass an demselben Tage dieselbe Anzahl Schiffe zu Thal geht, so sind es im Durchschnitt täglich 10 Schiffe, welche durchgeschleust werden müssen.

Der Wasserbedarf hiezu rechnet sich aber bei einem mittleren Schleusengefäll von 2,5 m zu $10 \cdot 48 \cdot 7 \cdot 2,5 = 8400$ cbm.

Dieses Quantum wird kaum die Grösse der Wassermenge erreichen, welche bei der Durchfahrt eines einzigen Flosses verloren geht. Und doch haben selbst bei lebhaft betriebener Flösserei die Wasserwerke immer noch gut bestehen können.

Die neuen Schiffsgassen — es können hier überhaupt nur die beiden in Neckarrems und in Mundelsheim in Betracht kommen — verschlingen infolge ihrer grösseren Weite am Einlauf zwar an und für sich mehr Wasser als früher. Da jedoch bei der neuen Betriebsweise die Bergschiffe viel sicherer und rascher die Gasse passieren können, die Einlassfalle also viel bälder wieder geschlossen werden kann als dies bisher der Fall war, so dürften die Veränderungen den betreffenden Werkbesitzern eher eine Verbesserung als eine Benachteiligung für ihren Werkbetrieb bringen.

II. Kostenaufwand.

In Anlage 5 ist eine detaillierte Berechnung des Kosten-Aufwandes durchgeführt, welchen die Instandsetzung der Wasserstrasse behufs Einführung der Kettenschiffahrt verursachen würde.
Hiernach belaufen sich die Kosten:
1. Für die Strecke Heilbronn bis Cannstatt/Berg im ganzen auf . . . — ;- 3 800 000 M. —
wovon
unmittelbar erforderlich
die Summe von . . . — ;- 3 400 000 M. —
auf 5—10 Jahre verteilbar — ;- 400 000 M. —
II. Für die Strecke Cannstatt Berg bis Esslingen im ganzen auf . . . — ;- 1 200 000 M. —
welche Summe unmittelbar erforderlich würde.
Der Gesammt-Aufwand für die ganze Strecke Heilbronn bis Esslingen berechnet sich somit auf rund 5 Millionen Mark.

In dieser Summe sind die Kosten für die Beschaffung der zur Durchführung des Schleppbetriebes erforderlichen Mittel nicht eingerechnet.
Als Bauten, welche nicht ausschliesslich zum Zwecke der Verbesserung der Neckar-Wasserstrasse erforderlich werden, deren Ausführung vielmehr auch sonstigen Interessen (von Werksbesitzern, Gemeinden u. A.) zu dienen hat, die aber gleichwohl in der Kostenberechnung voll aufgenommen wurden, sind zu bezeichnen:
die Schliessbarmachung der Schiffsgasse in Kirchheim,
" " " " " " " Aldingen.
der Umbau des Cannstatter Wehrs,
die Anlage der Schliessung in Untertürkheim,
die Anlage des neuen beweglichen Wehrs in Obertürkheim und
sämmtliche Hafenanlagen.

J. Ergebnis der angestellten Untersuchungen.

Das Resultat der angestellten Untersuchungen lässt sich in folgendem zusammenfassen:

1) Die Beschaffenheit des oberen Neckars ist zwar der Schiffahrt weniger günstig, als die des untern Neckars, welcher weniger starke Gefälle hat und mehr Wasser führt.

   Es lässt sich jedoch die Fahrstrasse für die Schiffe im oberen Neckar durch Ausführung von Regulierungsarbeiten und Anlage von kleineren beweglichen Stauvorrichtungen, sogenannten „Schliessungen", auf eine dem untern Neckar entsprechende Leistungsfähigkeit bringen.

2) Die seitherige Betriebsweise der Schiffahrt auf dem oberen Neckar mittelst Leinzugs muss ihrer geringen Leistungsfähigkeit und erheblichen Kosten wegen ganz verlassen werden.

   Nur die Einführung des Schleppbetriebs mit Dampfkraft in Verbindung mit der Benützung von Schiffen mit grösserer Ladungsfähigkeit vermag den Anforderungen des heutigen Verkehrs gerecht zu werden und eine Hebung der darniederliegenden Schiffahrt zu ermöglichen.

3) Für den Schleppzug eignet sich auf dem oberen Neckar nur die Kette.

   Die für den Schleppdienst im obern Neckar vorzusehenden Kettenschiffe müssen mindestens dieselbe Leistungsfähigkeit und Masse erhalten, wie die den untern Neckar befahrenden Schlepper. Daher muss auch die versenkte Kette mindestens dieselbe Stärke haben, wie die im untern Neckar.

4) Die vorhandenen Schleusen und Schiffsgassen genügen hinsichtlich ihrer Breiten- und Längenmasse den Anforderungen des neuen Schiffahrts-Betriebes nicht mehr.

   Es wird vielmehr die Anlage neuer grösserer Schleusen — neben den bestehenden — sowie ein Umbau der Schiffsgassen nötig.

   Die Anlage von Schleusen, in welchen man einen ganzen Schleppzug ungeteilt durchzuschleusen vermag, erweist sich für den Neckar als wenig vorteilhaft und zu teuer, ist daher ungeeignet; dagegen würden sich Schleusen, welche zwei grosse Schiffe aufnehmen können zur Ausführung empfehlen.

5) Die Fahrzeit, welche ein Schleppschiff zu einer Reise von Heilbronn bis Cannstatt/Berg und zurück braucht, ist einschliesslich des Aufenthaltes an den Schleusen und Schiffsgassen dieselbe wie die zur Zurücklegung der Strecke Mannheim bis Heilbronn und zurück.

6) Die Kosten für die Instandsetzung der Wasserstrasse — den Aufwand für die Beschaffung der Mittel zum Schleppbetrieb nicht eingerechnet — werden sich belaufen:

   für die Strecke Heilbronn bis Cannstatt/Berg auf . . . . — : 3 800 000 M.
   für die Strecke Cannstatt
   Berg bis Esslingen auf — : 1 200 000 „
   im ganzen auf . . — : 5 000 000 „
   einschliesslich der Hafen-Anlagen.

7) Den von den Veränderungen berührten Wasserwerksbesitzern am Neckar wird in der Ausnützung ihrer Wasserkraft gegenüber von früher, als die Schiffahrt auf dem obern Neckar noch lebhaft im Gang war, keine besondere Benachteiligung durch das Unternehmen erwachsen.

8) Einer etwaigen Ermittlung der Kosten des Transports auf der Wasserstrasse ist nicht die wirkliche, gemessene Länge des Wasserwegs, sondern dessen „virtuelle" — d. h. den Aufenthalt an den Schleusen berücksichtigende — Länge zu Grunde zu legen; ausserdem ist bei dem bedeutenden Mangel an Thalfracht der Verdienst des Schiffers bei der Bergfracht genügend in Rechnung zu ziehen.

Anlage I.

Untersuchungen

betreffend

die Verbesserung der Schiffbarkeit des oberen Neckars.

Zusammenstellung

der

für die Schiffahrt massgebenden Wasserstände

und deren jährliche Dauer.

II. 38

Jahrgang	Mittlerer Jahreswasserstand. m.	Mittlerer Sommerwasserstand. m.	Mittlerer Niederwasserstand. m.	Anzahl der Tage im Jahre mit weniger als 0,85 H.P. 0,65 Pl.P.	mit mehr als 2,50 H.P. 1,0 Pl.P.	mit wenig. a. 0,50 H.P. 0,45Pl.P.	Die Schiffahrt musste eingestellt werden				Bemerkungen.
							wegen Frostes Tage	wegen Hoch-Wassers Tage	wegen zu kleinen Wassers Tage	im Ganzen Tage	
1.	2.	3.	4.	5.	6.	7.	8.	9.	10.	11.	12.

I. Am Pegel zu Offenau.

1879	1,57	1,39	0,85	38	19	—	28	—	—	28	Die Wasserstände, deren jährl. Dauer in Spalte 5 u. 6 aufgeführt ist, sind die Grenzstände d.Mittelwassers. Vom unternGrenzstand abwärts hat eine Reduktion der Ladung d. Schiffe zu erfolgen, beim oberenGrenzstand soll d. Schiffahrt eingest. werden
1880	1,53	1,21	0,69	64	14	—	51	3	—	54	
1881	1,26	1,06	0,70	145	9	—	22	—	—	22	
1882	1,67	1,40	0,82	71	34	—	23	36	—	59	
1883	1,33	1,06	0,79	88	8	—	4	4	—	8	
1884	0,95	0,77	0,68	202	—	38	—	—	7	7	
1885	1,17	0,89	0,71	164	13	13	26	—	4	30	
Summe:	9,48	7,78	5,44	772	99	51	154	43	11	208	
Durchschnitt:	1,35	1,11	0,78	110	14	7	22	6	2	30	
Verh.:	1 :	0,81	0,58								

II. Am Pegel zu Heilbronn.

1879	1,38	0,97	0,67	6	14	—	28	—	—	28	Die örtliche Lage des Heilbronner Pegels bringt es mit sich, dass er besonders bei Niederwasser zu nied. Pegelstände angiebt, weil nicht die gesammte Wassermenge des Neckars an ihm vorbeifliesst. Aus der 58-jährigen Beobachtungsperiode des Heilbr. Pegels von 1827—1885 berechnet sich d. durchschnittliche mittlere Jahreswasserstand . . . = 1,10 mittlere Sommerwasserstand . = 1,04
1880	1,36	0,86	0,73	73	23	—	51	3	—	54	
1881	1,15	0,85	0,77	59	4	—	22	—	—	22	
1882	1,43	1,28	0,77	55	31	—	23	36	—	59	
1883	1,21	1,04	0,75	75	6	—	4	4	—	8	
1884	0,87	0,75	0,62	194	—	10	—	—	7	7	
1885	1,10	0,92	0,70	117	12	5	26	—	4	30	
Summe:	8,50	6,67	5,16	579	90	15	154	43	11	208	
Durchschnitt:	1,21	0,95	0,74	82	13	2	22	6	2	30	
Verh.:	1 :	0,76	0,61								

III. Am Pegel zu Besigheim.

1879	1,59	1,28	0,90	2	8	—					
1880	1,40	1,22	0,90	2	23	—					
1881	1,18	1,08	0,83	57	1	—					
1882	1,47	1,34	0,88	19	27	—					
1883	1,25	1,11	0,84	44	5	—					
1884	1,00	0,91	0,78	172	—	23					
1885	1,16	0,99	0,81	105	12	2					
Summe:	8,85	7,93	5,98	401	76	25					
Durchschnitt:	1,26	1,13	0,85	57	11	3					
Verh.:	1 :	0,90	0,68								

IV. Am Pegel zu Plochingen.

1879	1,10	1,03	0,70	5	14	—					Am Pegel in Plochingen werden erst seit d. Jahre 1880 regelmässige Beobachtungen angestellt; die Zahlen f. 1879 sind interpolirt. Bei anhaltenden Niederwasserständen zeigt d. Pegel in den einzelnen Tagezeiten Schwankungen bis zu 5 cm.
1880	1,11	0,97	0,63	10	29	—					
1881	0,90	0,83	0,60	76	3	—					
1882	1,13	1,08	0,59	55	33	—					
1883	0,83	0,72	0,54	116	4	7					
1884	0,68	0,61	0,51	200	—	17					
1885	0,80	0,66	0,53	154	7	21					
Summe:	6,55	5,89	4,10	616	90	45					
Durchschnitt:	0,94	0,84	0,59	88	13	6					
Verh.:	1 :	0,90	0,63								

Untersuchungen

betreffend

die Verbesserung der Schiffbarkeit des oberen Neckars.

Zusammenstellung

der

vom Neckar bei Nieder- und Mittelwasserständen

abgeführten sekundlichen Wassermengen.

(Vergl. hierzu Planbeilage III.)

II. 40

Nro.	Wassermessungs-Station.		Entfernung von der Mündung. Km.	Niederschlagsgebiet. qkm.	Stand am Profilpegel. m.	Abmessungen im Profil			Gefälle J m.
						obere Wasserbreite. m.	mittlere Wassertiefe. m.	Querschnittsfläche. qm.	
1.	2.		4.	5.	6.	7.	8.	9.	10.
I	Offenau (Heinsheim)	N.W. v. 1884	98	12 360	0,50	70	1,0	72	0,0002
		mittl. N.W.			0,78	71	1,3	92	0,0002
		mittl. S.W.			1,11	72	1,6	115	0,00018
		mittl. J.W.			1,36	73	1,85	135	0,00016
II	Klingenberg	N.W. v. 1884	121	8 060	1,04	49	1,2	59	0,00010
		mittl. N.W.			1,29	50	1,45	73	0,00009
		mittl. S.W.			1,65	51	1,8	90	0,00008
		mittl. J.W.			1,81	52	1,95	98	0,00008
III	Beihingen	N.W. v. 1884	150	5 560	0,72	52	0,50	26	0,00035
		mittl. N.W.			0,95	53	0,75	38	0,00032
		mittl. S.W.			1,27	54	1,05	55	0,00030
		mittl. J.W.			1,43	55	1,20	64	0,00026
IV	Hochberg	N.W. v. 1884	175	4 960	0,50	41	0,47	19	0,00052
		mittl. N.W.			0,72	42	0,70	27	0,0005
		mittl. S.W.			1,06	44	1,05	42	0,00048
		mittl. J.W.			1,20	45	1,17	48	0,00045
V	Cannstatt (Münster)	N.W. v. 1884	186	4 260	0,60	41	1,1	46	0,00006
		mittl. N.W.			0,80	42	1,3	53	0,00006
		mittl. S.W.			1,08	43	1,50	65	0,00006
		mittl. J.W.			1,20	44	1,7	70	0,00006

Rauhigkeits-koefficient n	Koefficient $k = \dfrac{v}{\sqrt{RJ}}$	Mittl. Geschwindigkeit pro Sekunde		Sekundl. Wassermenge		Bemerkungen.
		beobachtet m	berechnet m	gemessen cbm.	berechnet cbm.	
11.	12.	13.	14.	15.	16.	18.
0,04	25	0,32	0,35	23	25	Zur Berechnung der mittleren Profil-Geschwindigkeit wurde die Formel von Gauguillet u. Kutter
0,033	32	0,49	0,52	45	48	
0,03	37	0,65	0,63	75	72	$v = \dfrac{23 + \dfrac{1}{n} + \dfrac{0{,}00155}{J}}{1 + \left(23 + \dfrac{0{,}00155}{J}\right)\dfrac{n}{\sqrt{R}}} \sqrt{RJ}$
0,028	41	0,78	0,70	104	93	
						benflat.
0,04	26	0,26	0,29	15	17	Als Durchschnittszahlen ergeben sich für den Rauhigkeitskoefficienten n
0,035	32	0,37	0,36	27	26	für N.W. von 1881 n = 0,037
0,03	39	0,58	0,47	52	42	für mittl. N.W. . n = 0,030
0,025	47	0,67	0,59	65	58	für mittl. N.W. . n = 0,028
						für mittl. J.W. . n = 0,025
0,028	38	0,38	0,40	10	10	Die in den Spalten 12 und 17 angeführten Koefficienten beziehen sich auf die berechneten mittleren Profil-Geschwindigkeiten.
0,024	36	0,47	0,54	16	21	
0,025	40	0,65	0,72	36	39	
0,024	43	0,73	0,79	47	50	
0,03	26	0,50	0,43	9	6	
0,028	33	0,59	0,62	16	17	
0,025	41	0,81	0,90	31	37	
0,025	41	0,90	0,95	43	46	
0,04	14	0,18	0,20	5	6	
0,035	21	0,26	0,28	14	15	
0,03	38	0,44	0,37	20	21	
0,027	43	0,52	0,43	36	30	

Anlage III.

Untersuchungen

betreffend

die Verbesserung der Schiffahrt auf dem oberen Neckar.

Vergleichende Zusammenstellung

des

Schiffs-Verkehrs auf dem oberen und unteren Neckar

in den Jahren 1857 bis 1885.

SCHIFFS

auf dem <u>untern</u> Neckar
an der <u>Heilbronner</u> Schleuse.

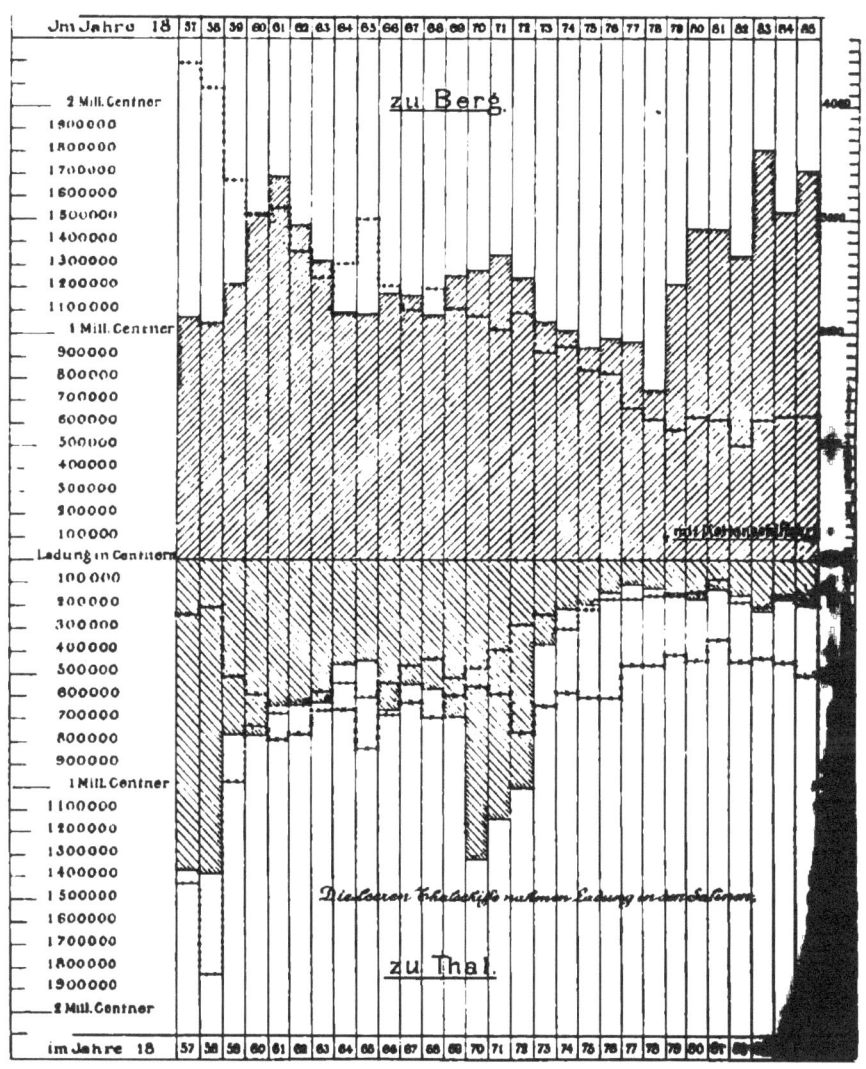

auf dem obern Neckar
an der Besigheimer Schleuse.

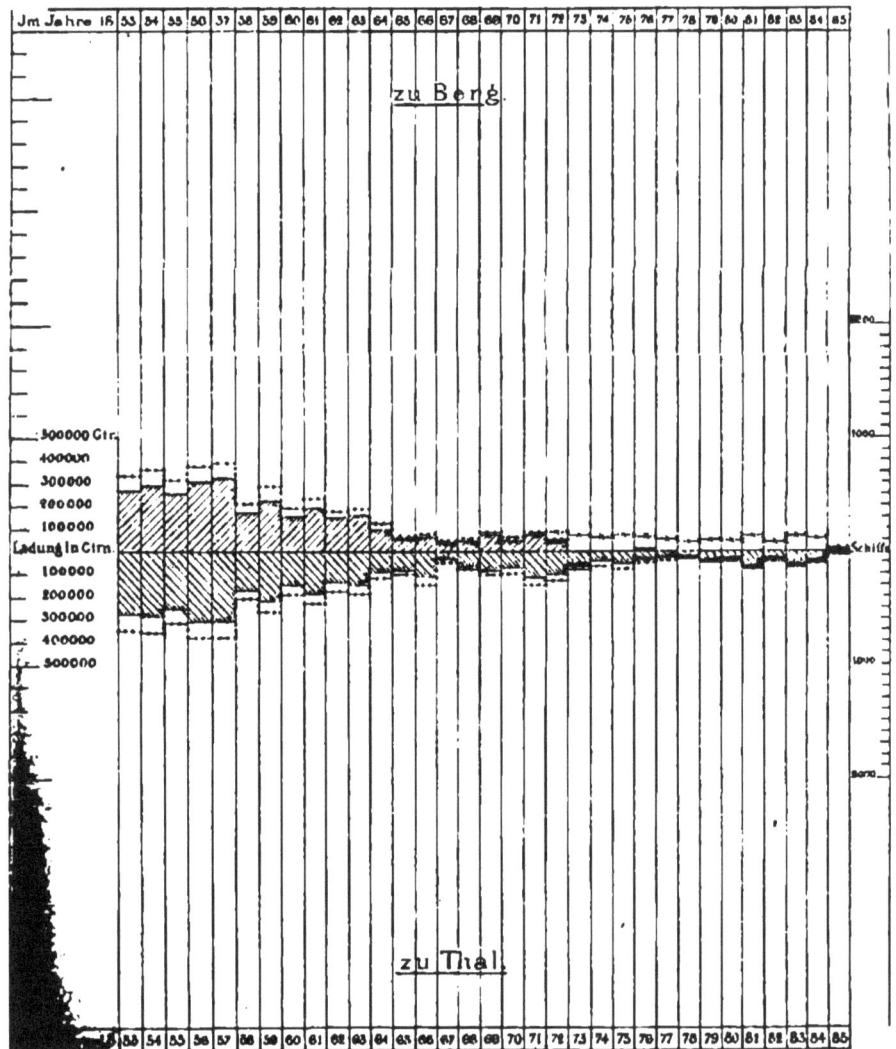

Anlage IV.

Untersuchungen

betreffend

die Verbesserung der Schiffbarkeit des oberen Neckars.

Zusammenstellung

der

für Niederwasserstand ermittelten Profilquerschnitte

der Stromrinne.

II. 45

Für den niedersten Wasserstand von 0,5 m mittl. Pegelstand soll die mittlere Profiltiefe $h = 0,75$ m sein.
Der Rauhigkeitskoeffizient wird für enge, regelmässige Stromrinnen $n = 0,035$ anzunehmen sein.

Für Fluß-Gefälle von	0,0004 m	0,0006	0,0008	0,0010	0,0012	0,0014 m	0,0016 m	0,0018 m	0,002 m	0,0025	0,003 m	0,0035	0,004 m	0,005 m	0,006 m	0,007 m	0,008
$v = \dfrac{51 + \dfrac{0,00155}{J}}{1 + (23 + \dfrac{0,00155}{J})\dfrac{n}{\sqrt{R}}} 0,87 \sqrt{J}$	0,46	0,57	0,64	0,72	0,78	0,84	0,91	0,97	1,03	1,16	1,29	1,37	1,46	1,63	1,79	1,93	2,06

I. Für die Strecke Heilbronn bis Besigheim
mit einer Minimalwassermenge = 15 cbm pro Sekunde.

Der erforderliche Wasserquerschnitt der Stromrinne in qm	3,96	26,3	23,4	20,8	19,2	17,9	16,5	15,4	14,6	13	11,7	11,0	10,3	9,2	8,4	7,6	7,3
die mittlere Breite der Stromrinne in m	43,5	35,1	31,2	27,8	25,7	23,8	22,0	20,6	19,2	17,2	15,5	14,6	13,7	12,3	11,2	10,4	9,8

II. Für die Strecke Besigheim bis Marbach
mit einer Minimalwassermenge = 10 cbm pro Sekunde.

Der erforderliche Wasserquerschnitt der Stromrinne in qm	21,8	17,6	15,6	14,0	12,8	12,0	11,0	10,3	9,7	8,6	7,8	7,3	6,9	6,1	5,6	5,2	4,9
die mittlere Breite der Stromrinne in m	29,0	23,4	20,8	18,5	17,1	16,0	14,7	13,8	13,0	11,5	10,4	9,7	9,2	8,1	7,5	7,0	6,5

III. Für die Strecke Marbach bis Neckarrems
mit einer Minimalwassermenge = 9 cbm pro Sekunde.

Der erforderliche Wasserquerschnitt der Stromrinne in qm	19,6	15,8	14,1	12,5	11,6	10,7	9,9	9,3	8,7	7,8	7,0	6,6	6,2	5,5	5,1	4,7	4,4
die mittlere Breite der Stromrinne in m	26	21	18,8	16,7	15,4	14,3	13,2	12,4	11,6	10,4	9,3	8,8	8,3	7,4	6,8	6,3	5,9

IV. Für die Strecke Neckarrems bis Plochingen
mit einer Minimalwassermenge = 8 cbm pro Sekunde.

Der erforderliche Wasserquerschnitt der Stromrinne in qm	17,4	14,1	12,5	11,1	10,2	9,5	8,8	8,2	7,8	6,9	6,2	5,8	5,5	4,9	4,5	4,1	3,9
die mittlere Breite der Stromrinne in m	23,2	18,8	16,7	14,8	13,6	12,7	11,8	11,0	10,1	9,2	8,3	7,8	7,3	6,6	6,0	5,5	5,2

Anlage V.

Untersuchungen

betreffend

die Verbesserung der Schiffahrt auf dem oberen Neckar.

Ueberschlägige Berechnung

des

Kostenaufwandes, welcher mit der Instandsetzung der Neckarwasserstrasse von Heilbronn bis Cannstatt bezw. Esslingen

behufs

Einführung der Ketten-Schleppschiffahrt verbunden sein wird.

Vorbemerkungen: Die zur Instandsetzung der Wasserstraße erforderlichen Bau-Arbeiten zerfallen in solche, deren Ausführung sofort nötig wird (wie z. B. Schleusen, Schiffsgassen) und in solche, welche besser allmälig in einem gewissen Zeitraum von Jahren zur Ausführung gelangen (wie z. B. Zeilenbauten, Fluss- und Uferregulirungen, Bagger-Arbeiten). Dementsprechend ist im vorliegenden Ueberschlage in Kol. 10 und 11 der Aufwand angegeben.

In der Kostenberechnung sind sämtliche im Projekte vorgesehenen Anlagen und baulichen Veränderungen ohne Rücksicht auf eine etwa mögliche Repartirung der Kosten zwischen Staat, Gemeinden oder Privaten aufgenommen.

Der Einheitspreis für den laufenden Meter Zeilen- oder Uferbaues entspricht dem Durchschnittsaufwand, welcher seither mit der Ausführung derartiger Arbeiten verbunden war.

II. 48

Strecke: Heilbronn bis Lauffen.

Nr.	Fluß-Strecke.	Lage zum Flußlaufe bei Km.	Bau-Objekt.	Einzelne Bau-Arbeit.	Ausmaß.	Einzel-Preis.	Aufwand im einzelnen	Aufwand im ganzen	Aufwand unmittel-bar er-forderlich.	Aufwand auf 5—10 Jahre ver-teilbar.
1.	2.	3.	4.	5.	6.	7.	8.	9.	10.	11.
	Heilbronn	116,5—117,2 rechts	Zeilen und Uferbau	Steinbau	400 m	10 ℳ	4 000 ℳ	} 7 000 ℳ	—	7 000 ℳ
					200 „	15 „	8 000 „			
		117—118,4 links	desgl.	„	1400 „	10 „	14 000 „	14 000 „	—	14 000 „
		117,7—118,1 rechts	„	„	400 „	10 „	4 000 „	4 000 „	—	4 000 „
		118,1—119,4 rechts	Zeilen-Ver-legung	„	300 „	10 „	3 000 „	3 000 „	3 000 ℳ	—
		119,8—120,0 rechts	Zeile	„	200 „	10 „	2 000 „	2 000 „	2 000 „	—
		120—120,7 links	Uferbau	„	750 „	15 „	11 125 „	11 125 „	—	11 125 „
		120,6—120,8 rechts	Zeile	„	200 „	10 „	2 000 „	2 000 „	—	2 000 „
	Klingenberg	121—121,5 rechts	Ufer-regulierung	„	500 „	15 „	7 500 „	7 500 „	—	7 500 „
		121,7—121,9 rechts	Zeile	„	200 „	10 „	2 000 „	2 000 „	—	2 000 „
		122,1—122,2 links	Zeilenver-längerung	„	100 „	10 „	1 000 „	1 000 „	1 000 „	—
	Nordheim	122,3—122,5 rechts	Zeile	„	250 „	10 „	2 500 „	2 500 „	—	2 500 „
		122,5—123,5 links	Zeilen- und Uferbau	„	1000 „	10 „	10 000 „	10 000 „	—	10 000 „
		123,5—123,8 links	Zeilenver-längerung	„	150 „	10 „	1 500 „	1 500 „	1 500 „	—
		123,9—124,9 links u.rechts	Uferbau	„	1000 „	15 „	15 000 „	15 000 „	—	15 000 „
		124,9—125,5 links u rechts	Zeilen und Uferbau	„	600 „	ist zur Ausführung im Etat pro 1887—89 vorgesehen.				
		125,9—126,8 rechts	Uferbau	„	900 „	10 „	9 000 ℳ	9 000 ℳ	—	9 000 ℳ
		125,9—126,9 links	2 Zeilen	„ aus.	650 „	10 „	6 500 „	6 500 „	6 500 ℳ	—
		127,3—128,1 links im Mühlgraben	Uferbau und Zeilen-Verlegung	„	700 „	15 „	10 500 „	10 500 „	10 500 „	—
		127,5—127,7 rechts	Ufer-regulierung	Steinbau und Pflaster	220 „	20 „	4 400 „	4 400 „	4 400 „	—
		127,7—127,8 rechts im Mühlgraben	desgl.	„	150 „	15 „	2 250 „	2 250 „	2 250 „	—
		127,65—127,7	Unterkanal bis zur Schleuse	Erd-und Planier-ungsarbeit	2000 cbm	1 „	2 000 „	} 5 700 „	5 700 „	
				Baggerung	1000 „	2 ℳ 50	2 500 „			
				Böschungsepflast.	300 qm	4 ℳ	1 200 „			
	Lauffen	127,75 bis 127,85	Schleuse für zwei Schiffe	Erd-Arbeiten	10 000 cbm	1 „	10 000 „	} 220 000 „	220 000 „	
				Baggerung	4000 cbm	2 ℳ 50	10 000 „			
				Spundwände	160 m	25 ℳ	4 000 „			
				Beton-Arbeit	6 000 cbm	19 „	114 000 „			
				Quadermauerw.	360 cbm	65 „	23 400 „			
				Eiserne Thore	65 000 kgr.	44 „ pro 100 kgr.	28 600 „			
				Insgemein			30 000 „			
			Feldweg-brücke über die Schleuse	Eiserner Oberbau 6m lang u.3 m br.	6 000 kgr.	35 ℳ pr.100 kgr.	2 100 „	} 2 500 „		2 500 „
				Chaussierung	50 qm	5 ℳ	400 „			

Summen: 346 475 ℳ 261 350 ℳ 84 125 ℳ

II. 49

Strecke: Lauffen.

Nr.	Fluß-Strecke.	Lage zum Flussslaufe Km.	Bau-Objekt.	Einzelne Bau-Arbeit.	Ausmaß.	Einzel-Preis.	Aufwand im einzelnen	Aufwand im ganzen	Aufwand unmittel- bar er- forderlich.	nach 5—10 Jahre ver- teilbar.
1.	2.	3.	4.	5.	6.	7.	8.	9.	10.	11.
1.	Lauffen	127,85 bis 128,15 rechts	Anlage eines Schiffskanales	Grunderwerb	7 Morgen	4 000 ℳ	28 000 ℳ			
				Erd-Arbeiten	20 000 cbm.	1 ℳ	20 000 „			
				Pflasterung	3 000 qm.	4 „	12 000 „	66 000 ℳ	66 000 ℳ	—
				Chaussierung des seitl. Feldweges	1 500 „	4 „	6 000 „			
		128,15	Canal-Abschluss gegen Hochwasser	Portlandbeton	400 cbm.	20 „	8 000 „			
				Quadergemäuer	25 cbm.	60 „	1 500 „			
				Ein Absülzung	800 kgr.	40 „ pro 100 kgr.	240 „	11 500 „	11 500 „	—
				Balken etc			260 „			
				Spundwand	20 m	25 ℳ	500 „			
				Insgemein			1 000 „			
		128,15—128,2	Seitl. Stützmauer	Grab-Arbeit	1000 cbm.	1 „	1 000 „			
				Beton-Arbeit	250 cbm.	20 „	5 000 „	6 000 „	6 000 „	—
		128,72	Kanal-Einlauf mit Drehbrücke	Beton-Arbeit	350 cbm.	20 „	7 000 „			
				Quadergemäuer	30 cbm.	60 „	1 800 „			
				Eiser. Oberbau der Drehbrücke	18 000 kgr.	pr.100 kgr.	7 200 „	18 500 „	18 500 „	—
				Chaussierung u. Wehranschluss			1 500 „			
				Insgemein			1 000 „			
		128,3—128,5	Wärterhaus mit Magazin Wehraufsatz	aus Holz	200 m	1 ℳ 50	300 „	12 000 „ 300 „	12 000 „ 300 „	—
		128,53—129,0	Fehlstation wegen Verkürzung des Schiffsweges durch die Kanal-Anlage.							
		129,1—129,2 rechts	Landeplatz für Lauffen	Lauer- und Böschungspflast.	kann kosten		—	10 000 „	—	10 000 ℳ
		129,5—130,2 rechts	Zollen- und Uferbau	Steinbau	700 m	10 „	7 000 ℳ	7 000 „	—	7 000 „
		129,5—130,5 links	Uferbau	"	1 300 m	10 „	13 000 „	13 000 „	—	13 000 „
		130,7—131,4 rechts	"	"	700 m	15 „	10 500 „	10 500 „	—	10 500 „
		131,1—131,4 rechts u. links	Zollen-Verleg- ung und Uferbau	"	300 m 400 m	10 „ 10 „	3 000 „ 4 000 „	7 000 „	7 000 ℳ	—
						Summa:	161 800 ℳ	121 300 ℳ	40 500 ℳ	

50 II.

Strecke: Lauffen bis Kirchheim.

Nr.	Fluss-Strecke.	Lage zum Flusslaufe Km.	Bau-Objekt.	Einzelne Bau-Arbeit.	Ausmaß.	Einzel-preis.	Aufwand im einzelnen	Aufwand im ganzen	Aufwand unmittelbar erforderlich.	auf 5–10 Jahre verteilbar.
	Lauffen	131,0—132,1 links	Uferbau	Steinbau	400 m	10 ℳ	4 000 ℳ	4 000 ℳ	—	4 000 ℳ
		131,9 links	Fporn	„	40 m	15 „	600 „	600 „	—	600 „
		132—132,3 rechts	Zeilen-Verlängerung	„	300 m	10 „	3 000 „	3 000 „	3 000 ℳ	—
		132,5—132,9 rechts	Zeile	„	300 m	10 „	3 000 „	3 000 „	3 000 „	—
		132,9—133,1 rechts	Zeile	„	200 m	15 „	3 000 „	3 000 „	3 000 „	—
		132,8—133,1 links	verstärkte Zeile	„	300 m	15 „	4 500 „	4 500 „	4 500 „	—
		132,92	Schließung von 20 m Weite	Grab-Arbeit	500 cbm.	2 „	1 000 „			
				Spuntwände	80 m	25 „	2 000 „			
				Beton-Arbeit	350 cbm.	20 „	7 000 „			
				Quadergemäuer	16 cbm.	60 „	960 „			
				Pflaster etc.	—	—	300 „	15 000 „	15 000 „	—
				Eiserne Teile	2 100 kgr.	45 „ pro 100 kgr.	945 „			
				Dammbalken			100 „			
				Schmied-Arbeit			240 „			
				Insgemein			2 455 „			
	Kirchheim	134,1—134,4 rechts	Zeilen-Verlegung	Steinbau	300 m	10 ℳ	3 000 „	3 000 „	3 000 „	—
		134,46	Schließung von 20 m Weite	wie oben	—	—		15 000 „	15 000 „	—
		134,5—134,6 rechts	verstärkte Zeile	Steinbau	200 m	15 „	3 000 „	3 000 „	3 000 „	—
		134,7—134,9 links	Zeile	„	200 m	10 „	2 000 „	2 000 „	—	2 000 ℳ
		135—135,2 links	Zeile	„	200 m	10 „	2 000 „	2 000 „	—	2 000 „
		135,1—135,4 links	Zeilen- und Uferbau	„	400 m	10 „	4 000 „	4 000 „	—	4 000 „
		135,7—136,0 links	Zeilen- und Uferbau	„	300 m	10 „	3 000 „	3 000 „	3 000 „	—
		135,8—136,1 rechts	Zeilen-verlegung	„	250 m	10 „	2 500 „	2 500 „	2 500 „	—
		136,0—136,2 rechts	Schiffsgasse mit Schließung	Beton-Arbeit zu den Zeilen und Seitenmauern	1250 cbm.	20 „	25 000 „			
				Schließung 15 m weit	—	—	12 000 „	40 000 „	40 000 „	—
				Felsensprengung	100 cbm.	10 „	1 000 „			
				Insgemein			2 000 „			
						Summe:	107 500 ℳ	95 000 ℳ	12 500 ℳ

II. 51

Strecke: Kirchheim bis Besigheim.

Nr.	Fluss-Strecke.	Lage zum Flusslaufe Km.	Bau-Objekt.	Einzelne Bau-Arbeit.	Ausmaß.	Einzel-preis.	Aufwand im einzelnen	Aufwand im ganzen	Aufwand unmittel-bar er-forderlich.	auf 5—10 Jahre ver-teilbar.
	Kirchheim	136 links	Schleusen-Umbau	Fangdämme	—	—	2 000 ℳ			
				Abbruch-Arbeit	—	—	5 000 „			
				Beton-Arbeit	1 500 cbm	20 ℳ	30 000 „			
				Maurer-Arbeit	—	—	7 000 „	64 000.ℳ	64 000 ℳ	—
				Eiserne Thore Oberthor mit Schützen	3 100 kgr.	44 „ pr.100 kgr.	13 640 „			
				Unterthor mit Umläufen						
				Insgemein			6 360 „			
	Gemmrigheim	137,95 — 138,2	Schleuse für zwei Schiffe mit Canal	Grunderwerb	2½ Morgen	3 000 ℳ	7 500 „			
				Erd-Arbeiten	5 000 cbm	1 „	5 000 „			
				Baggerungen	1 000 cbm	2 ℳ 50	2 500 „	207 000 „	107 000 „	
				Pflasterungen	800 qm	4 „	3 200 „			
				Schleuse von 1,5 m Gefäll	—	—	182000 „			
				Insgemein	—	—	6 800 „			
			Wärterhaus mit Magazin		—	—		10 000 „	10 000 „	—
	Wahlheim Besigheim	140,5—140,8	Schleusen-Umbau mit Verlängerung	Grab-Arbeit und Abbruch-Arbeit	—	—	5 000 „			
				Spundwand	50 m	25 „	1 250 „			
				Beton-Arbeit	2 000 cbm	20 „	40 000 „			
				Maurer-Arbeit	—	—	10 000 „	80 000 „	80 000 „	—
				Eiserne Thore Oberthor mit Schützen	33 000 kgr.	44 „ pr.100 kgr	14 520 „			
				Unterthor mit Umläufen						
				Pflasterungen	—	—	3 000 „			
				Insgemein			8 230 „			
		140,85	Umbau der Kanalbrücke	Zurücksetzen der rechtseitigen Widerlagsmauer und Abbrechen der jetzigen etc.	—	—	5 000 „			
				Eiserner Oberbau Bogen von 10 m Weite	12 000 kgr.	35 ℳ pr.100 kgr.	4 200 „	12 000 „	12 000 „	—
				Chaussierung	150 kgr.	2 ℳ	300 „			
				Interimsbrücke	—	—	1 200 „			
				Insgemein	—	—	1 300 „			
						Summe:		373 000 ℳ	373 000 ℳ	—

Strecke: Besigheim bis Klein-Ingersheim.

Nr.	Fluß-Strecke	Lage zum Flußlaufe Km.	Bau-Objekt.	Einzelne Bau-Arbeit.	Ausmaß.	Einzel-Preis	Aufwand im einzelnen	Aufwand im ganzen	Aufwand unmittelbar erforderlich	auf 5—10 Jahre verteilbar
	Besigheim	143,5—143,7 rechts	Zeilenverlegung	Steinbau	200 m	10 ℳ	2 000 ℳ	2 000 ℳ	2 000 ℳ	—
		143,9—144,6 links	Uferregulierung	Hornug	700 m	15 „	10 500 „	10 500 „	10 500 „	—
		144,0—144,2 rechts	Zeile	„	200 m	10 „	2 000 „	2 000 „	—	2 000 „
		144,5—144,8 rechts	Zeile	„	300 m	10 „	3 000 „	3 000 „	3 000 „	—
		144,7	Schließung	15 m weit	—	—	—	13 000 „	13 000 „	—
		144,8—144,9 rechts	Zeile	Steinbau	100 m	15 „	1 500 „	1 500 „	1 500 „	—
		145,6—146 rechts	Zeile	„	400 m	10 „	4 000 „	4 000 „	4 000 „	—
		146—146,2 rechts	Zeile u. Traverse	„	200	10 „	2 000 „	2 000 „	2 000 „	—
		146,15	Schließung	15 m weit	—	—	—	13 000 „	13 000 „	—
		145,8—146,1 links	Uferregulierung	Steinbau	500 m	15 „	7 500 „	7 500 „	—	7 500 „
		146,5—146,8 links	„	„	300 m	15 „	4 500 „	4 500 „	—	4 500 „
		146,7—146,6 rechts	Zeilenverlängerung	„	60 m	10 „	600 „	600 „	600 „	—
	Hessigheim	147,25-147,45	Erbreiterung des Mühlkanals	Grunderwerb Erd- u. Planierungs-Arbeiten Baggerungen Uferpflasterungen	ca. 1 Morgen 4000 cbm 2000 cbm 1000 qm	2000 „ 1 „ 2 ℳ 50 4 „	3 000 „ 4 000 „ 5 000 „ 4 000 „	16 000 „	16 000 „	—
		147,5	Schleuse für zwei Schiffe von 1,4 m Gefäll			—		175 000 „	175 000 „	—
	Mundelsheim	149—149,15 rechts	Zeile	Steinbau	150 m	10 ℳ	1 500 „	1 500 „	1 500 „	—
		149—149,2 links	Uferpflasterung	Pflasterung	500 qm	4 „	2 000 „	2 000 „	2 000 „	—
		149,2—149,3 links	Ufermauer	Spundwand	100 m	25 „	2 500 „			
		149,3—149,45	Schiffsgasse „ Schließkopf Ufermauer	Beton-Arbeit Beton-Arbeit mit Verschluß Beton-Arbeit Wehransatz aus Holz	150 cbm 200 cbm 10 m weit 180 cbm 100 lfm	20 „ 20 „ 20 „ 2 „	3 000 „ 4 000 „ 13 000 „ 3 600 „ 3 900 „ 200 „	30 000 „	30 000 „	—
		150,5—151 rechts	Zeilen u. Uferbau	Steinbau	500 m	15 „	7 500 „	7 500 „	—	7 500 „
		150,7—151,4 links	Landbau	„	700 m	15 „	10 500 „	10 500 „	—	10 500 „
	Kl. Ingersheim	152,7—152,9 rechts	Zeile	„	200 m	10 „	2 000 „	2 000 „	2 000 „	—
						Summa:		308 300 ℳ	276 300 ℳ	32 000 ℳ

II. 53

Strecke: Klein-Ingersheim bis Beihingen.

Nr.	Fluß-Strecke	Lage zum Flußlaufe Km.	Bau-Objekt	Einzelne Bau-Arbeit.	Ausmaß.	Einzel-Preis.	Aufwand im einzelnen	Aufwand im ganzen	Aufwand unmittel-bar er-forderlich.	auf 5—10 Jahre ver-teilbar.
	Kl. Ingersheim	153—153,1 rechts	Erbreiterung des Unterkanals	Grab-Arbeit	800 cbm	1 ℳ	800 ℳ			
					200 cbm	2 ℳ 50	500 „		3 100 ℳ	3 100 ℳ	—
				Neue Ufer-pflasterung	350 qm	4 ℳ	1 400 „			
				Verlängerung der Inselspitze	—	—	1 000 „			
	Pleidelsheim	153,1—153,2	Schleusen-neubau mit Verlängerung	Grab- u. Ab-bruch-Arbeit	—	—	5 000 „			
				Spundwand	100	25 ℳ	2 500 „			
				Beton-Arbeit	4000 cbm	20 „	80 000 „		150 000 „	150 000 „	—
				Maurer- u. Stein-hauer-Arbeit	Benützung der alten Quader		15 000 „			
				Eiserne Thore	30 000 kgr	44 ℳ pro 100 Cgr	13 200 „			
				Insgemein	—	—	34 300 „			
		153,2—153,5	Erweiterung des Schiffs-kanals	Grunderwerb	1/2 Morgen	2 000 „	1 000 „			
				Grab- u. Planie-rungs-Arbeit	4 000 cbm	1 „	4 000 „		20 000 „	20 000 „	—
				Uferpflasterung	1 000 qm	4 „	4 000 „			
				Kanalabschluß	—	—	10 000 „			
				Insgemein	—	—	1 000 „			
		154,55—154,65 rechts	Landestelle für Pleidelsheim	Lauer u. Ufer-pflaster	kann	kosten ca.	6 000 „	6 000 „	—	6 000 ℳ
		154,9—155,2 links	Uferbau	Steinbau	300 m	15 ℳ	4 500 „	4 500 „	—	4 500 „
		155,1—155,6 links	Zelle	„	500 m	10 „	5 000 „	5 000 „	5 000 „	
		155,2—155,6 rechts	Uferbau	„	400 m	15 „	6 000 „	6 000 „	—	6 000 „
		155,7—156,7	Uferregu-lierung und Durchstich	Grunderwerb	2 Morgen	2 000 „	4 000 „			
				Aushub teils trocken teils durch Baggern	12 500 cbm	2 „	25 000 „		60 000 „	60 000 „	—
				Uferschutz	4 000 cbm	3 „	12 000 „			
				Böschungs-pflaster	3 000 qm	4 „	12 000 „			
				Insgemein	—	—	7 000 „			
		156,7—157,0 links und rechts	Uferbau	Steinbau	600	15 „	9 000 „	9 000 „	—	9 000 „
		157,0—157,7 rechts	„	„	400	10 „	4 000 „	4 000 „	—	4 000 „
		157,8—158,1 rechts	„	„	300	10 „	3 000 „	3 000 „	3 000 „	—
							Summe:	270 800 ℳ	241 100 ℳ	29 500 ℳ

Strecke: Beihingen bis Hoheneck.

Nr.	Fluß-Strecke.	Lage zum Flußlaufe Km	Bau-Objekt.	Einzelne Bauarbeit.	Ausmaß.	Einzel-preis.	Aufwand im einzelnen	Aufwand im ganzen	Aufwand unmittel-bar erforderlich	Aufwand auf 5—10 Jahre verteilbar
	Beihingen	158—158,2 links	Zeile	Steinbau	150 m	10 ℳ	1500 ℳ	1500 ℳ	1500 ℳ	—
		158,85-158,95 links	„	„	100 m	10 „	1000 „	1000 „	1000 „	—
		159—159,2 links	Zeilenverlegung	„	100 m	10 „	1000 „	1000 „	1000 „	—
		159,2—159,5 links	Zeilenvor-lagerung	„	80 m	10 „	800 „	800 „	800 „	—
		159,8—160 rechts	Uferregulirung	„	200 m	15 „	3000 „	3000 „	3000 „	—
		159,84	Schließung mit Traverse		15 m weit	—	—	13000 „	13000 „	—
		160—160,7 rechts	Uferregulirung	Steinbau	700 m	15 ℳ	10500 „	10500 „	—	10500 ℳ
		160,9—161 links	Zeile und Traverse	„	200 m	15 „	3000 „	3000 „	3000 „	—
		160,97	Schließung von 15 m Weite		—	—	—	13000 „	13000 „	—
		161,0—161,4 rechts	Uferbau	Steinbau	800 m	10 „	8000 „	8000 „	—	8000 „
	Benningen	161,4—161,6 links	Zeile	„	200 m	10 „	2000 „	2000 „	—	2000 „
	Marbach	162,8—162,95	Schleuse für zwei Schiffe von 2,9 m Gefäll	Grunderwerb	1 Morgen	3000 „	3000 „			
				Erd-Arbeiten	3000 cbm	1 „	3000 „			
				Baggerung	600 cbm	2 ℳ 50	1500 „			
				Spuntwand	40 m	25 ℳ	1000 „			
				Schleuse von 2,9 m Gefäll für das Überreich Anlage des neuen Überreichwehres			200000 „	230000 „	230000 „	—
					35 lfm	—	10000 „			
				Ufer- und Böschungs-pflaster	1500 qm	4 „	6000 „			
				Inagemein	—	—	5500 „			
			Wärterhaus mit kleinem Magazin		—	—	—	10000 „	10000 „	—
	Hoheneck	167,3—167,5 links	Zeile	Steinbau	200 m	10 „	2000 „	2000 „	2000 „	—
		167,5—167,9 links	Zeile und Traverse	„	200 m	10 „	2000 „	2000 „	2000 „	—
		167,3—167,9 rechts	Uferregulirung	„	500 m	15 „	7500 „	7500 „	7500 „	—
		167,7—167,9 links	Zeile	„	250 m	15 „	3750 „	3750 „	3750 „	—
		167,8	Schließung	von 15 m Weite	—	—	13000 „	13000 „		
						Summe:		320050 ℳ	304550 ℳ	15500 ℳ

II. 55

Strecke: Neckarweihingen bis Neckarrems.

Nr.	Fluß-Strecke	Lage zum Flußlaufe Km	Bau-Objekt	Einzelne Bau-Arbeit	Ausmaß	Einzel-preis	Aufwand im einzelnen	Aufwand im ganzen	Aufwand unmittelbar erforderlich	auf 5–10 Jahre verteilbar
	Neckarweihingen	166,4—169,1 rechts	Zeilen und Uferbau	Steinbau	700 m	10 ℳ	7 000 ℳ	7 000 ℳ	—	7 000 ℳ
		168,5—168,7 links	Zeilenverlegung	„	200 m	10 „	2 000 „	2 000 „	—	2 000 „
		168,9—169 rechts	Zeilenverlängerung	„	100 m	10 „	1 000 „	1 000 „	—	1 000 „
		169,7—170,1 links	Uferbau	„	400 m	15 „	6 000 „	6 000 „	—	6 000 „
		170,1—170,6 rechts	Uferbau	„	500 m	15 „	7 500 „	7 500 „	—	7 500 „
		170,7—170,8 links	Zeilenverlängerung	„	100 m	10 „	1 000 „	1 000 „	—	1 000 „
	Poppenweiler	172,4—172,6 links	Zeile	„	200 m	10 „	2 000 „	2 000 „	2 000 ℳ	—
		172,3—173 links	Zeilenverlegung u. Traversen	„	300 m	10 „	3 000 „	3 000 „	—	3 000 „
		173,3—173,9 links und rechts	Uferregulierung	Steinbau	1 200 lfm	15 „	18 000 „	18 000 „	—	18 000 „
		173,9—174,4 links	„	„	500 m	15 „	7 500 „	7 500 „	—	7 500 „
	Hochberg	175,1—175,4 links	Zeilenverlängerung	„	200 m	10 „	2 000 „	2 000 „	2 000 „	—
		175,6—176 links	Zeile	„	200 m	10 „	2 000 „	2 000 „	2 000 „	—
		176,1—176,5 links	„	„	200 m	10 „	2 000 „	2 000 „	2 000 „	—
	Neckarrems	176,5—176,6 links	Korrektion des Schiffgrabens	Uferpflasterung	250 m	15 „	3 750 „	3 750 „	3 750 „	—
		176,55—176,67	Schiffsgasse	Grab- u. Abbrucharbeit	—	—	3 000 „			
				Spuntwände	80 lfm	25 „	2 000 „			
				Beton-Arbeit	1 300 cbm	20 „	26 000 „			
				Maurer- und Steinhauer-Arb.	40 cbm	70 „	2 800 „			
				Pflaster-Arbeit	400 qm	4 „	1 600 „			
				Eisenkonstruktion an Drehsteg und Verschluß	5 000 kgr	40 „ pro 100 kgr	2 000 „	40 000 „	40 000 „	—
				Dammbalken mit Ketten	16 Stück	10 ℳ	160 „			
				Dielen zum Laufsteg	12 qm	5 „	60 „			
				Insgemein	—	—	2 380 „			
		176,8—176,9 rechts	Landestelle für Neckarrems	Lauer und Pflaster	kann kosten		5 000 „	5 000 „	—	5 000 „
						Summe:	109 750 ℳ	51 750 ℳ	58 000 ℳ	

Strecke: Neckarrems bis Cannstatt.

Nr.	Fluß-Strecke	Lage am Flußlaufe Km.	Bau-Objekt	Einzelne Bau-Arbeit	Ausmaß	Einzelpreis	Aufwand im einzelnen	Aufwand im ganzen	Aufwand unmittelbar erforderlich	Aufwand auf 5—10 Jahre verteilbar
	Neckarrems	179,1—179,1 links	3 Zeilen	Steinbau	900 m	10 ℳ	9000 ℳ	9000 ℳ	9000 ℳ	—
	Aldingen	178,1—179,1 rechts	Uferregulierung	„	1000 m	10 „	10000 „	10000 „	—	10000 ℳ
		179,1	Schließung	von 10 m Weite	—	—		12000 „	12000 „	—
		179,7—179,8 links	Zeilenverlegung	Steinbau	100 m	10 „	1000 „	1000 „	—	1000 „
		179,9—180,1 rechts	Zeile	„	200 m	10 „	2000 „	2000 „	—	2000 „
		180,5—180,8 links	Zeile	„	300 m	10 „	3000 „	3000 „	—	3000 „
		181,2—181,5	Erbreiterung des Saugrabens	Uferbau mit Pflasterung	400 m	15 „	6000 „	6000 „	6000 „	—
		181,4—181,5 181,5 links	Schleuse für neue Flußgasse	zwei Schiffe von 2,7 m Gefäll Grab-Arbeit Spuntwände Beton-Arbeit Insgemein	500 cbm 20 m 600 cbm —	1 ℳ 25 „ 20 „ * „	— 500 „ 500 „ 12000 „ 2200 „	205000 „ 15000 „	205000 „ 15000 „	— —
		181,5—182,1	Korrektion des Saugrabens	Grunderwerb Erd-Arbeiten Böschungspflaster	3 Morgen 8000 cbm 3500 qm	3000 1 „ 4 „	9000 „ 8000 „ 14000 „	31000 „	31000 „	—
		182	Kanaleinlauf	Spuntwand Beton-Arbeit Abschlußvorrichtung Insgemein	16 m 500 cbm — —	25 „ 20 „ — —	400 „ 10000 „ 1000 „ 6600 „	18000 „	18000 „	—
	Hofen	184,5—184,6 links	Zeilenverlängerung	Steinbau	100 m	10 „	1000 „	1000 „	—	1000 „
		185,2—185,6 links	Zeile und Traverse	„	400 m	10 „	4000 „	4000 „	4000 „	—
		185,49	Schließung	von 15 m Weite	—	—		13000 „	13000 „	—
		186,2—186,3 links	Zeilenverlängerung	Steinbau	100 m	10 „	1000 „	1000 „	—	1000 „
	Münster	186,5—186,8 links	„	„	100 m	10 „	1000 „	1000 „	1000 „	—
		187,3—187,4 links	„	„	100 m	10 „	1000 „	1000 „	—	1000 „
		187,7—187,8 links	Zeile und Traverse	„	200 m	10 „	2000 „	2000 „	2000 „	—
	Cannstatt	187,78	Schließung	von 15 m Weite	—	—		13000 „	13000 „	—
		188—188,15 im Schiffskanal	Lokalhafen für Cannstatt	Aushub Beton-Arbeit Quadergemäuer Pflaster Insgemein	700 cbm 800 cbm 200 cbm 50 cbm 200 qm —	1 ℳ 50 13 ℳ 20 „ 60 „ 4 „ —	1050 „ 4500 „ 4000 „ 3000 „ 800 „ 1450 „	15000 „	—	15000 „
						Summe:		368000 ℳ	278000 ℳ	85000 ℳ

Strecke: Cannstatt.

Nr.	Fluß-Strecke.	Lage zum Flußlaufe Km.	Bau-Objekt.	Einzelne Bau-Arbeit	Ausmaß.	Einzel-preis.	Aufwand im einzelnen	Aufwand im ganzen	Aufwand unmittel- bar er- forderlich.	auf 5—10 Jahre ver- teilbar.
1	Cannstatt.	188,3—188,4 links	Kanal-, Mauer u. Böschungs-pflaster	Grab- u. Ab-bruch-Arbeit	400 cbm	2 ℳ	800 ℳ			
				Spuntwand u. Rost	120 m	25 „	3 000 „			
				Beton-Arbeit	300 cbm	20 „	6 000 „	13 000 ℳ	13 000 ℳ	—
				Deckschichte	20 cbm	60 „	1 200 „			
				Geländer	70 m	10 „	700 „			
				Böschungs-pflaster	200 qm	4 „	800 „			
				Insgemein	—	—	500 „			
		188,36	Überfahrts-brücke über den Kanal	Eiserner Ober-bau	40 000 kgr	30 „ pro 100 kg	12 000 „	15 000 „	15 000 „	—
				Chaussierung	200 qm	5 ℳ	1 000 „			
				Insgemein	—	—	1 200 „			
		188,43—188,55 188,43 links	Schleuse für Verlegung der Überfahrts-brücke	zwei Schiffe von 7,7 m Gefäll Ändern des be-stehenden eisernen Ober-baues	—	—	210 000 „ 5 000 „	210 000 „	210 000 „	—
				Chaussierung	200 qm	2 „	400 „	6 000 „	6 000 „	—
				Insgemein	—	—	400 „			
		188,55 links	Anschlußmauer zwischen Schleuse u. beweg. Wehr	Grunderwerb (einschl. der Schleuse)	1 Morgen	5 000 „	5 000 „			
				Grab- u. Ab-bruch-Arbeit	1 000 cbm	3 „	3 000 „			
				Fangdämme u. Wasserab-leitung	—	—	2 000 „	20 000 „	20 000 „	—
				Beton-Arbeit	400 cbm	20 „	8 000 „			
				Quader-gemäuer	30 cbm	60 „	1 800 „			
				Insgemein	—	—	200 „			
		188,57—188,62	Bewegliches Wehr	Fangdämme u. Wasserab-leitung	—	—	5 000 „			
				Abbruch des alten Wehres	—	—	5 000 „			
				Bagger-Arbeit	500 cbm	2 „	1 000 „			
				Spuntwände	120 lfm	25 „	3 000 „			
				Rost für die Ständer	85 Pfähle 43 Schwellen	15 „ 10 „	1 290 „ 430 „			
				Eichene Schwellen	15 cbm	100 „	1 500 „	60 000 „	60 000 „	—
				Beton-Arbeit	400 cbm	20 „	8 000 „			
				Eiserne Ständer samt Schlaudern	30 000 kgr	60 „ pro 100 kg	18 000 „			
				Nadeln	700 Stück	4 ℳ	2 800 „			
				Ausrüstung mit Ketten, Winden Segeltuchrollen zur Dichtung	—	—	6 000 „			
				Insgemein	—	—	7 980 „			
						Summe:		374 000 ℳ	374 000 ℳ	—

58 II.

Strecke: Cannstatt.

Nr.	Fluß-Strecke.	Lage zum Flußlaufe Km.	Bau-Objekt.	Einzelne Bau-Arbeit.	Ausmaß.	Einzel-preis.	Aufwand im einzelnen	Aufwand im ganzen	Aufwand unmittel-bar er-forderlich.	auf 5—10 Jahre ver-teilbar.
	Cannstatt	188,63-188,68 links	Umbau des festen Wehres	Fangdämme	—	—	8000 ℳ			
				Abbruch des alten Wehres	—	—	2000 „			
				Spuntwände	80 lfm	25 ℳ	2000 „			
				Pfähle	100 Stück	15 „	1500 „			
				Zangen	500 m	2 „	1000 „			
				Eichene Kron-schwellen	4 cbm	100 „	400 „			
				Beton.-Arbeit	300 cbm	20 „	6000 „	30000 ℳ	30000 ℳ	
				Steinpackung	150 cbm	6 „	900 „			
				Wehraufsatz	50 m	4 „	200 „			
				Wasserab-leitung u. Entschädigung der Werke für Einstellen	—	—	5000 „			
				Insgemein	—	—	3000 „			
		189,4 rechts	Hafen Anlage für Cannstatt neben der Bahn samt Einlauf-Kanal	Grunderwerb	10 Morgen	10000 „	100000 „			
				Erd-Arbeiten	70000 cbm	0 ℳ 90	63000 „			
				Zuschlag für Felsen	10000 cbm	3 ℳ	30000 „			
				Baggerung am Kanalauslauf	1000 cbm	2 ℳ 50	2500 „			
				Spuntwände oder Rost	500 lfm	25 ℳ	12500 „			
				Beton.-Arbeit	4500 cbm	20 „	90000 „	450000 ℳ	450000 ℳ	—
				Quadergemäuer	200 cbm	60 „	12000 „			
				Höschungs-pflaster	6000 qm	4 „	24000 „			
				Treppen	100 qm	20 „	2000 „			
				Eiserne Ab-schlußthore	25000 kgr	44 „ pro 100 kgr	11000 „			
			Bemerkung: Die Kosten für die Anlage der nötigen Geleise, Schuppen etc. sowie der sonsti-gen Hafenein-richtungen sind nicht einge-rechnet	Eiserne Ueber-fahrtsbrücken	12000 kgr	32 ℳ pro 100 kgr	3840 „			
				Geländer und Zäune	300 lfm	10 ℳ	3000 „			
				Chaussierung	10000 qm	5 „	50000 „			
				Wärterhaus mit Magazin	—	—	12000 „			
				Insgemein	—	—	84160 „			
							Summe:	480000 ℳ	480000 ℳ	

II. 59

Strecke: Cannstatt bis Berg.

Nr.	Fluß-Strecke.	Lage zum Flußlaufe Km.	Bau-Objekt.	Einzelne Bau-Arbeit.	Ausmaß.	Einzel-preis.	Aufwand im einzelnen	Aufwand im ganzen	Aufwand unmittel- bar er- forderlich.	auf 5–10 Jahre ver- tailbar.
Cannstatt Stuttgart —Berg		189,13 im Mühlkanal 169,5—189,7 links	Ueberlegung des Faßsteges Hafen-Anlage für Stuttgart—Berg *Bemerkung:* Die Kosten für die Anlage von Zollschuppen etc., sowie für die erforder- lichen sonstigen Hafeneinrich- tungen sind nicht einge- rechnet.	Grunderwerb Erd-Arbeiten Baggerung Zuschlag für Felsensprengen Spuntwände Beton-Arbeit Quadergemäuer Pflasterungen Treppen Eiserne Ab- schlußthore Eiserne Über- fahrtsbrücke Geländer und Zäune Chaussierung Wärterhaus mit Magazin Insgemein	8 Morgen 50 000 cbm 1 000 cbm 2 000 cbm 480 lfm 4 500 cbm 250 cbm 2 000 qm 170 qm 23 000 kgr 40 000 kgr 300 m 4 000 qm — —	6 000 ℳ 0 ℳ 80 2 ℳ 50 3 ℳ 25 „ 20 „ 60 „ 4 „ 20 „ 44 „ pro100kgr 35 ℳ pro100kgr 10 ℳ 5 „ — —	48 000 ℳ 40 000 „ 2 500 „ 6 000 „ 12 000 „ 90 000 „ 15 000 „ 8 000 „ 2 400 „ 10 120 „ 14 000 „ 2 000 „ 20 000 „ 12 000 „ 17 980 „	2 000 ℳ 300 000 „	2 000 ℳ 300 000 ℳ	— —
		189,6 189,85	Fußsteg über den Mühlkanal Straßenbrücke über den Floß- kanal bei Lenss	Eiserner Oberbau Grab-Arbeit Interimsbrücke Spuntwände Gründung Wasserab- leitung Beton-Arbeit für die Wider- lager Quadergemäuer Eiserner Ober- bau (Bogen- brücke) Chaussierung Trottoir Insgemein	— — — 40 lfm 100 Pfähle — 200 cbm 50 cbm 40 000 kgr 400 qm 50 qm —	— — — 25 „ 20 „ — 20 „ 60 „ 35 „ pro100kgr 5 ℳ 6 „ —	5 000 „ 2 000 „ 1 500 „ 1 000 „ 2 000 „ 5 000 „ 4 000 „ 3 000 „ 14 000 „ 2 000 „ 300 „ 5 200 „	5 000 „ 40 000 „	5 000 „ 40 000 „	— —
		189,85—190,3	Verlegung der Staatsstraße Nr. 42	Grunderwerb Erdarbeiten in Verbindung mit dem Bau der Brücke und Kehlense Chaussierung Sicherheits- steine Baumsatz Eiserner Zaun gegen das Wasserwerk Versetzung der Einfahrt zu letzterem Insgemein	2 Morgen 3 000 qm — — 300 m — —	5 000 „ 6 ℳ — — 10 „ — —	10 000 „ — 18 000 „ 1 500 „ 500 „ 3 000 „ 1 000 „ 6 000 „ Summe: 387 000 ℳ	40 000 „	40 000 „	—

II. 8*

60 II.

Strecke: Berg bis Untertürkheim.

Nr.	Fluß-Strecke	Lage zum Flußlaufs Km.	Bau-Objekt.	Einzelne Bau-Arbeit.	Ausmaß.	Einzel-Preis.	Aufwand im einzelnen	Aufwand im ganzen	Aufwand unmittelbar erforderlich.	auf 5—10 Jahre verteilbar.
	Berg	189,95	Höherlegung des Fußstegs	zum Wasserwerk	—	—	—	1000 ℳ	1000 ℳ	
		189,95—190,2	Tieferlegung u. Erbreiterung des Flußkanals	Abbruch-Arbeit Spuntwände und Rost Beton-Arbeit für die Mühle u. Kostenmauern Entschädigung f. d. Pumpwerke Wasserab-leitung Insgesamt	— — 460 m 3 5m cbm — — —	— — 25 ℳ 20 ℳ — — —	5000 ℳ 11 500 „ 70 000 „ 3000 „ 6000 „ 4 500 „	100 000 „	100 000 „	—
		190,14—190,23	Schleuse für ein Schiff von 2 m Gefäll		—	—	—	110 000 „	110 000 „	
		190,23—190,3	Korrektion der Ufer des Mühlkanals	Grab-Arbeit und Pflaster	150 m	20 „	3000 „	3000 „	3000 „	
		190,47	Höherlegung des eisernen Steges		—	—	1000 „	1000 „	1000 „	
		190,77	Drehbrücke für die Staatsstraße	Grab-Arbeit Interimsbrücke Gründungen u. Wasserschöpfen Beton-Arbeit zur Erbreiterung u. Verlängerung der Widerlager Quadergemäuer Holzpflaster, Chausselerung und Trottoir Eiserner Oberbau mit Zubehör Insgemein	— — — — 350 cbm 50 cbm 200 qm 40000 kgr —	— — — — 20 „ 60 „ 15 „ 40 „ pro 100 kg —	2000 „ 1500 „ 5000 „ 7000 „ 3000 „ 3000 „ 16 000 „ 2500 „	40 000 „	40 000 „	
Wasserbau		190,8—190,85 links	Uferregulierung	Pflaster auf Rost und Beton	50 lfm	60 ℳ	3 000 „	3 000 „	3 000 „	
		190,85	Kanal-Einlaß mit Schließung	von 15 m Weite	—	—	10 000 „	10 000 „		
		192,3—192,6 links	Zeile	Steinbau	250 m	10 „	2 500 „	2 500 „	2 500 „	
		192,6—192,6 links	Zeile u. Traverse	„	100 m	15 „	1 500 „	1 500 „	1 500 „	
		192,6	Schließung von 2 Zeilen	15 m Weite	—	—	—	13 000 „	13 000 „	
		193—193,5 links		Steinbau	450 m	10 „	4 500 „	4 500 „	4 500 „	
		193,5—193,6 links	Anschlußzeilen an das Wehr	„	200 m	15 „	3 000 „	3 000 „	3 000 „	
Untertürkheim		193,63	Schließung von	15 m Weite	—	—	—	13 000 „	13 000 „	
						Summe:		295 500 ℳ	295 500 ℳ	—

II. 61

Strecke: Untertürkheim bis Esslingen.

Nr.	Fluß-Strecke.	Lage am Flußlaufe Km.	Bau-Objekt	Einzelne Bau-Arbeit.	Ausmaß.	Einzel-Preis.	Aufwand im einzelnen	Aufwand im ganzen	Aufwand unmittel-bar erforderlich.	auf 5—10 Jahre vertheilbar.
	Obertürkheim	195,5—195,7 links	Zelle	Steinbau	200 m	15 ℳ	3 000 ℳ	3 000 ℳ	3 000 ℳ	—
		195,5—195,8 rechts	Uferregulierung	„	300 m	20 „	6 000 „	6 000 „	6 000 „	—
		195,85	Entfernung der Rachfluß-führung, Anlegung einer Ablagerungs-kammer	—	—	—	—	10 000 „	10 000 „	—
		195,7—195,9 links	Zellenver-legung u. Er-breiterung des Ober- u. Unter-kanals der Ölmühle	Grunderwerb (Erbreiterung u. Schleuse)	1 Morgen	5000 „	5 000 „			
				Erd-Arbeiten	7500 cbm	1 „	7 500 „			
				Baggerungen	1000 cbm	2 ℳ 50	2 500 „	22 000 „	22 000 „	
				Kasch.-Pflaster f. d. Unterkanal	100 lfm	30 ℳ	3 000 „			
				desgl. für den Oberkanal	400 lfm	10 „	4 000 „			
		195,9	Schleuse für ein Schiff von 2,8 m Gefäll	—	—	—	—	100 000 „	100 000 „	
		196,38	Kanalabschluß	—	—	—	—	15 000 „	15 000 „	
		196,38 ein Flußbett	Bewegliches Wehr	Klappen und Schützen-Wehr	50 lfm	1200	60 000 „	60 000 „	60 000 „	
		197,1—197,4 links	Zelle	Steinbau	250 m	10 „	2 500 „	2 500 „	2 500 „	
		197,5—197,6 rechts	Uferbau	„	150 m	10 „	1 500 „	1 500 „	1 500 „	
		197,6—197,7 links	Zellenver-längerung	„	100 m	15 „	1 500 „	1 500 „	1 500 „	
		197,6—197,8	Vertiefung der Sohle	Felsensprengen	625 cbm	8 „	5 000 „	5 000 „	5 000 „	
		197,7—197,8 rechts	Zelle	Steinbau	100 m	10 „	1 000 „	1 000 „	1 000 „	
		197,8—198,1	Erbreiterung des Fabrik-kanals auf dem „Brühl"	Grunderwerb	1 Morgen	5000 „	5 000 „			
				Erdarbeiten	8000 cbm	1 „	8 000 „			
				Baggerungen	2000 cbm	3 „	6 000 „			
				Zuschlag für Sprengung von Felsen	1000 cbm	3 „	3 000 „	40 000 „	40 000 „	
				Fangdämme	—	—	2 000 „			
				Spuntwand u. Roste	100 m	25 „	2 500 „			
				Böschungs-pflaster	1000 qm	5 „	5 000 „			
				Insgemein	—	—	8 500 „			
	„Brühl"	197,9	Schleuse für ein Schiff von 4 m Gefäll	—	—	—	110 000 „	110 000 „		
						Summe:	377 500 ℳ	377 500 ℳ	—	

Strecke: Esslingen.

Nr.	Fluß-Strecke	Lage zum Flußlaufe Km.	Bau-Objekt.	Einzelne Bau-Arbeit.	Ausmaß.	Einzel-preis	Aufwand im einzelnen	Aufwand im ganzen	Aufwand unmittel-bar er-forderlich.	auf 5—10 Jahre ver-teilbar
	„Brühl"	198,15	Höherlegung der Überfahrts-brücke	Mauerwerk	50 cbm	30 ℳ	1500 ℳ			
				Hebung u. Ver-änderung des eisernen Ober-baues nebst Interimsbrücke	—	—	4000 „	7000 ℳ	7000 ℳ	
				Chaussierung u. Auffüllung der Rampen	—	—	1500 „			
		198,35	Veränderung des Kanal-einlaufs	Eisernes Fallen-gestell mit Steg und Schützen nebst Aufzugs-vorrichtungen	—	—	—	10 000 „	10 000 „	—
		198,35—198,5 rechts	Wehraufsatz	aus Holz	140 lfm	—	2000 „	2000 „	2000 „	
		199,1—199,3 rechts	Floßholz-Polter	Grunderwerb	1 Morgen	5000	5000 „			
				Erd-Arbeit	5000 cbm	1 „	5000 „			
				Baggerung	1000 cbm	2 ℳ 50	2500 „	25 000 „	25 000 „	
				Spuntwände und Roste	200 lfm	25 ℳ	5000 „			
				Böschungs-pflaster	1000 qm	5 „	5000 „			
				Insgemein	—	—	2500 „			
	Esslingen	199,5—199,9 im Mühlkanal	Hafen-Anlage für Esslingen	Grunderwerb	8 Morgen	4000 „	32 000 „			
				Erd-Arbeiten	40 000 cbm	0 ℳ 80	32 000 „			
				Baggerungen	4000 cbm	2 ℳ 50	10 000 „			
			Bemerkung: Die Kosten für die Erweiterung des Bahnhofes u. der nötigen Ge-leisanlagen so-wie für die Er-richtung von Schuppen u. die sonstigen erfor-derlichen Hafen-einrichtungen sind nicht ein-gerechnet.	Spuntwände u. Roste	700 lfm	25 ℳ	17 500 „			
				Beton-Arbeit	5000 cbm	20 „	100 000 „			
				Quadergemäuer	400 cbm	60 „	24 000 „			
				Böschungs-pflaster	1000 qm	5 „	5000 „			
				Treppen	100 qm	20 „	2000 „	300 000 „	300 000 „	
				Chaussierung	6000 qm	5 „	30 000 „			
				Geländer und Zäune	400 lfm	10 „	4000 „			
				Eiserne Thore	25 000 kgr	40 „ pro 100 kgr	10 000 „			
				Uferregulierung im Mühlkanal	500 lfm	15 „	7500 „			
				Wärterhaus mit Magazin	—	—	12 000 „			
				Insgemein	—	—	14 000 „			
							Summe:	344 000 ℳ	344 000 ℳ	—

Zusammenstellung der Kosten.

I. Für die Strecke Heilbronn bis Cannstatt/Berg.

Seite	Floß-Strecke	Aufwand im einzelnen	Aufwand im ganzen	unmittelbar erforderlich	auf 5-10 Jahre verteilbar	Bemerkungen
48.	Heilbronn bis Lauffen	345 475 ℳ				
49.	Lauffen	161 800 „				
50.	Lauffen bis Kirchheim	107 600 „				
51.	Kirchheim bis Besigheim	373 000 „				
52.	Besigheim bis Kl.-Ingersheim	308 300 „				
53.	Kl.-Ingersheim bis Beihingen	270 600 „				
54.	Beihingen bis Hoheneck	320 050 „				
55.	Neckarweihingen bis Neckarrems	109 750 „				
56.	Neckarrems bis Cannstatt	368 000 „				
57.	Cannstatt	324 000 „				
58.	Cannstatt	480 000 „				
59.	Cannstatt bis Berg	302 000 „				
		zusammen:	3 465 575 ℳ	3 158 350 ℳ	307 225 ℳ	
	Hiezu:					
	für 5-6 Wärterhäuser zusammen	60 000 ℳ				
	für Baggerungen und Felsensprengen	80 000 „				
	für Aufsicht und Vorarbeiten	85 000 „				
	als Insgemein für Unvorhergesehenes	109 425 „				
		zusammen:	334 425 ℳ	241 650 ℳ	92 775 ℳ	
	Kosten-Aufwand:		3 800 000 ℳ	3 400 000 ℳ	400 000 ℳ	Der Gesamt-Aufwand beläuft sich pro Kilometer Wasserstraße auf 51 340 ℳ

II. Für die Strecke Cannstatt/Berg bis Esslingen.

59.	Cannstatt bis Berg	85 000 ℳ				
60.	Berg bis Untertürkheim	295 500 „				
61.	Untertürkheim bis Esslingen	377 500 „				
62.	Esslingen	344 000 „				
	Hiezu:					
	für 4 Wärterhäuser zusammen	40 000 „				
	für Baggerungen und Felsensprengen	20 000 „				
	für Aufsicht und Vorarbeiten	15 000 „				
	als Insgemein	23 000 „				
	Kosten-Aufwand:	zusammen:	1 200 000 ℳ	1 200 000 ℳ	—	Der Gesamtaufwand beläuft sich pro Kilometer auf 120 000 ℳ

Haupt-Kosten-Zusammenstellung:

I. Für die Strecke Heilbronn — Cannstatt/Berg

beläuft sich der Aufwand:

1. für Regulierungs-Arbeiten im freien Flusse (Zeilen und Uferbauten, Durchstiche, Baggerungen) auf . . . . 571 975 ℳ
2. für neue Schleusenanlagen, den Umbau der bestehenden Schleusen und Schiffsgassen nebst den Kanälen, Wärterhäusern etc. . 1 987 100 „
3. für den Umbau von Wehren, die Anlage neuer beweglicher Wehre, Schliessungen u. dgl. . . . . 213 000 „
4. für den Umbau von Brücken, Verlegung von Strassen etc. . . 47 500 „
5. für die Anlage von Landestellen und Häfen . . . . 786 000 „
6. für Insgemein (Vorarbeiten, Aufsicht, Unvorhergesehenes) . . . 194 425 „

Kosten-Aufwand für die Strecke Heilbronn—Cannstatt/Berg 3 800 000 ℳ

II. Für die Strecke Cannstatt/Berg bis Esslingen

beläuft sich der Aufwand:

1. Für Regulierungs-Arbeiten im freien Flusse (Zeilen und Uferbauten, Baggerungen, Felsensprengungen) auf . . . . . . 58 000 ℳ
2. für Schleusenbauten und Anlage bezw. Umbau von Kanälen, Schiffsgassen u. dgl. auf . . . . 559 000 „
3. für den Umbau von Wehren, die Anlage neuer beweglicher Wehre, Schliessungen u. dgl. auf . . . . 86 000 „
4. für den Umbau von Brücken, Verlegung von Strassen etc. . . . 134 000 „
5. für die Anlage von Landestellen und Häfen auf . . . . . 325 000 „
6. für Insgemein (Vorarbeiten, Aufsicht, Unvorhergesehenes) auf . 38 000 „

Kosten-Aufwand für die Strecke Cannstatt/Berg bis Esslingen 1 200 000 „

Gesammt-Kosten-Aufwand

für die Strecke Heilbronn bis Esslingen . . . . 5 000 000 ℳ

WASSERMENGE des NECKARS
bei Nieder- und Mittelwasser
in:

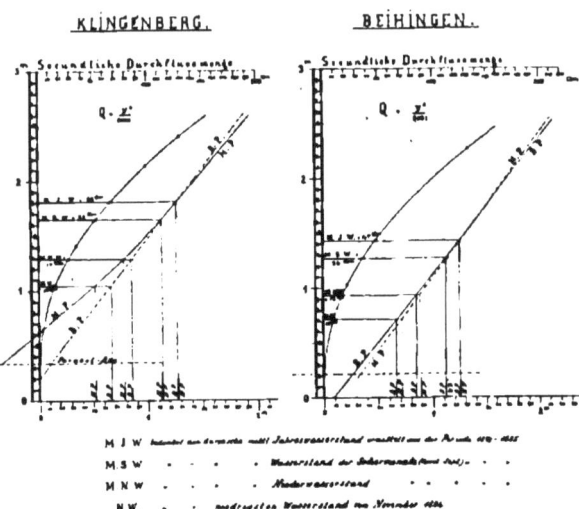

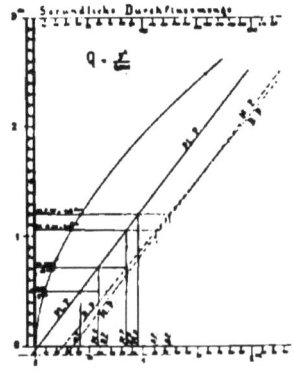

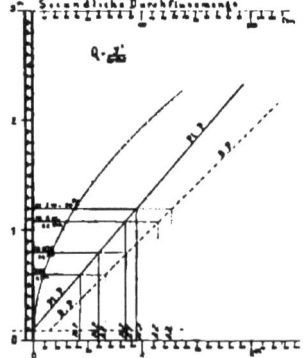